華志文化

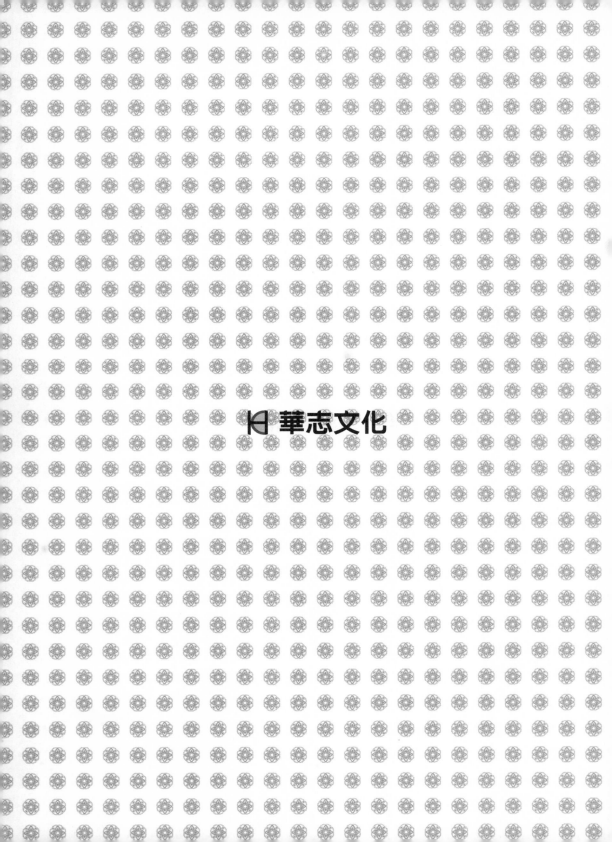

華志文化

學會寬容

🌳 前　言 🌳

　　寬容是人類生活中至高無上的美德，也是人類情感中最重要的一部分，這種情感能融化內心的冰霜；而缺乏寬容，將使一個人從偉大墮落至連平凡都不如。

　　歷代聖賢都把寬恕容人作為理想人格的重要標準而大加宣導。《周易》中即提出「君子以厚德載物」，荀子則主張「君子賢而能容罷，知而能容愚，博而能容淺，粹而能容雜」。學會了寬容，同樣也是學會了處世。人生在世，需要明白世間並無絕對的好壞，正邪善惡往往交錯混雜，所以我們立身處世有時也要有清濁並容的雅量。佛家有云：「精明者，不使人無所容。」我們常說的「得饒人處且饒人」，也就是這個道理。事實上，寬容並不代表無能，卻恰恰是一個人卓識、心胸和人格力量的展現，即所謂「海納百川，有容乃大」。

　　第二次世界大戰期間，一支部隊在森林中與敵軍相遇，激戰後兩名戰士與部隊失去了聯繫。這兩名戰士來自同一個小鎮。

　　兩人在森林中艱難跋涉，他們互相鼓勵、互相安慰。十多天過去了，仍未與部隊聯繫上。跋涉途中，他們打死了一隻鹿，依靠鹿肉又艱難度過了幾天，也許是戰爭使動物四散奔逃或被殺光。這之後他們再也沒看到過任何動物。他們僅剩下的一點鹿肉，背在其中較年輕的那位戰士身上。這一天，他們在森林中又一次與敵人相遇，經過再一次激戰，他們巧妙地避開了敵人。就在他們以為已經安全時，只聽一聲槍響，走在前面的較年輕的戰士中了一槍——幸虧傷在肩膀上！後面的士兵驚惶地跑了過來，他害怕得語無倫次，抱著戰友的身體淚流不止，並很快把自己的襯衣撕下來包紮戰友的傷口。

　　晚上，未受傷的士兵一直喃唸著母親的名字，兩眼無神的望著

遠方。他們都以為他們熬不過這一關了，儘管饑餓難耐，但他們誰也沒動身邊的鹿肉。天知道他們是怎麼度過那一夜的。第二天，部隊救出了他們。

事隔30年後，那位受傷的戰士回憶說：「我知道是誰開了那一槍，他就是我的戰友。當他抱住我時，我碰到了他發熱的槍管，但當晚我就原諒了他。我知道他想獨吞我身上的鹿肉，但我也知道他想活下來是為了他的母親。此後30年，我假裝根本不知道這件事，也從不提及。然而戰爭太殘酷了，他母親還是沒有等到他回來，我和他一起祭拜了老人家。那一天，他跪下來，請求我原諒他，我沒讓他說下去。我們又做了幾十年的朋友，我寬恕了他。」

一次可貴的寬容，換來了一生的朋友之情，可見，寬容對我們來說是多麼有價值。

安德魯·馬修斯在《寬容之心》中說過這樣一句發人深省的話：「一隻腳踩扁了紫羅蘭，它卻將香味留在那腳跟上，這就是寬容。」生活如海，寬容作舟，泛舟於海，方知海之寬闊；生活如山，寬容為徑，循徑登山，方知山之高大；生活如歌，寬容是曲，和曲而歌，方知歌之動聽。多一些寬容，也就多了一分理解，多了一分信任，多了一分友愛。願你我的胸懷像大海，無所不容；心寬如天空，無所不包！

💙第一章　寬容是一種絕對的智慧💙
—— 幸福走一生，寬容不可少

> 　　有句話說得好：「天空收容每一片雲彩，不論其美醜，故天空廣闊無比；高山收容每一塊岩石，不論其大小，故高山雄偉壯觀；大海收容每一條細流，不論其長短，故大海浩瀚無涯；黑夜收容每一點光亮，不論其明暗，故黑夜星光閃爍而美麗動人。」而幸福的人生正是因為能寬恕萬物，能包容萬物，故而才豐富厚重，令人回味無窮。

💙 第二章　寬容是一種高貴的品格 💚
——寬容境界高，身心皆豐盈

　　地窪下，水流之；人寬容，德歸之。人與人之間需要寬容、需要理解。寬容是調和劑，可以消除隔閡，減少誤會，化解矛盾；寬容是潤滑劑，能緩和關係，減少摩擦，避免衝突；寬容是清新劑，會令人感到舒適，感到溫馨，感到自信，感到世界的美。「有容乃大」在任何時代都是最珍貴的人性品格，是時代成功者必須鍛造的一種人性。

第三章　寬容是一種非凡的器度
——能容人處且容人，包容接納胸懷廣

　　生活中，無論夫妻之間、同事之間、鄰居之間、上下級之間、熟悉和不熟悉的人之間，皆需要宛如春風般的寬容，這是人與人之間相處的學問，也是得到愉快生活的途徑。「贈人玫瑰，手有餘香」，只要你肯給別人那麼一點可親、可信、可敬的寬容，那麼，你的心靈世界便又多了一分愛的溫暖，多了一分難得的愉悅和可貴的真情。

💙 第四章　寬容是一種無上的福分 💙
——對別人的釋懷，也是對自己的善待

> 　　人總是喜歡和寬容厚道的人交朋友，正所謂「寬則得眾」。想多交朋友，交好朋友，寬容一些是極有必要的。即使是犯過錯的人也不要嫌棄，應給他們提供改過的優渥條件，原諒他們的過失，幫助他們改正錯誤。正所謂與人方便，就是給自己方便。寬容別人會使別人敬重和傾慕你的人品，特別是在競爭激烈的現代社會，寬以待人會使人人都喜歡與你交往。

第五章　寬容就要從心開始
——心有多大，人生舞台就有多大

一個人的胸懷能容下多少人，就能贏得多少人的尊重和喜愛。在我們日常生活中，人與人之間難免出現矛盾，別人也許在無意間傷害了我們，如果不是原則問題，我們要試著以包容的心去原諒對方。心胸寬大，才能容人，真正的聰明人不但會用寬大的胸懷去包容別人，還會用巧妙的方法來妥善解決矛盾，這是人生一種難得的大智慧。

第六章　寬容就要學會忘記
——忘記昨日是非，生活才有陽光與歡樂

　　人生在世，不如意事十常八九，如果一個人的腦子裡整天胡思亂想，把沒有價值的東西都記存在腦袋裡，那他必然會感到前途渺茫、痛苦失意。人生中總有許多不如意，所以，我們很有必要對頭腦中儲存的那些痛苦、仇恨一類的東西給予及時清理，把該保留的保留下來，把不該保留的予以拋棄。那些給人帶來諸多痛苦的記憶，實在沒有必要過了若干年還念念不忘或耿耿於懷。只有徹底遺忘，人才能過得快樂、灑脫。

第七章　寬容就要學會忍讓

——凡事退一步，天地自然寬

寬容和忍讓的痛苦可以換來甜蜜的果實。一個人經歷一次忍讓，會獲得一次人生的亮麗；經歷一次寬容，就會開啟一扇愛的大門。當你不給別人留一條活路時，任何人都會進行頑強的反抗，雙方都不會有什麼好下場。因此，做人永遠要記住「有理也要讓三分，得饒人處且饒人」這一古訓。

第八章　寬容就要學會瀟灑
——難得人世走一遭，何不瀟灑走一回

> 　　生活中有太多不值得我們去計較的瑣事，我們應以一種包容平和的心態去面對它，學會看開、學會看淡、學會看遠、學會看透，我們就會享受到生活本應有的快樂。包容一個苦難，就會有一個超越自我的契機。運用我們的智慧，以一種超脫的心境去包容我們人生走過的每一個腳步，從而贏得更寬廣的人生。

第一章
寬容是一種絕對
的智慧
——幸福走一生，寬容不可少

·1·

寬容是一種修養，更是一種智慧

寬容是一種美德和智慧，更是一種人格的昇華和洗練。理智地忍耐，大度地謙讓，總會有一片廣闊無垠的天地任你馳騁。因此，我們只有學會寬容，才能輕鬆、快樂地工作、生活。

寬容不僅是人的一種修養，更重要的是展現了一個人的智慧。「海納百川，有容乃大」。寬容是一種博大的情懷，是一種積極的生活態度和高尚的道德觀念。

有位老師某天發現自己班上的一名學生上課時總是不專心聽講，低著頭在筆記本上畫些什麼，於是走過去拿起學生的筆記本，發現上面畫滿了自己的漫畫，形象誇張特別。學生緊張極了，害怕老師責罰自己，但是老師沒有發火，只是微微一笑，要學生以後多練習，畫得更神似一些。從此那名學生上課時再沒有畫畫，上課專心聽講，而是利用課餘時間學習繪畫，後來他成為頗有造詣的漫畫家。

透過上面的例子，設想一下，除去其他因素，歸結到一點：主人翁後來有所作為，與當初老師的寬容不無關係，可以說是寬容喚起了他的自尊心，糾正了他的人生之舵。

寬容不僅需要「海量」，更是一種修養促成的智慧。事實上，

只有那些胸襟開闊的人才會自然而然地運用寬容；反之，大發雷霆或是批評責罰倒是他們心中認為理所當然的事，可是這樣的結果未必會讓當事人真正反省，也不會有什麼成效。因為人通常都會有叛逆心理，即使自己做錯了，在別人的指責下也會為了維護自尊心而硬著脖子說沒錯。

　　歌德說：「人不能孤立地生活，他需要與人交流、融入社會。」良好的人際關係不僅能給人生帶來快樂，而且能幫助人走向成功。而寬容的品格則是建立良好人際關係的基石，在相互寬容諒解中取得共同的發展和進步是一種良好的願望。一個人只有具備了寬容的品格，才會懂得理解和尊重他人，才會有容人之量，成為識大體、顧大局的人。孔子說：「君子坦蕩蕩，小人長戚戚。」君子的風範就是能有容天下不平的肚量，能有一種寬闊的胸懷。理智地忍耐，大度地謙讓，將會有一片廣闊無垠的天地任你馳騁。寬容是人格的昇華和洗練。寬容是一種美德和智慧，我們要學會寬容，這樣才能輕鬆、快樂地生活。

·2·

寬容是一種胸懷，更是一劑
處世良方

> 寬容是一種博大的胸懷，更是一劑處世良方。在人際交往中，
> 我們不可避免地會遇到各種挑戰，有時甚至是惡意的攻擊，針
> 鋒相對，會讓你徒增煩惱，但如果你能寬容別人的過失，以豁
> 達的心胸面對，你會發覺寬容比發怒要痛快許多。

　　寬容是一種胸懷，更是一種解決問題的良方。在人際交往中，
我們常會遇到各式各樣的挑戰，甚至是惡意的攻擊。那麼遇到這種
情況我們是針鋒相對還是寬大為懷呢？讓我們看看20世紀最偉大的
成功學大師戴爾·卡內基是怎麼做的吧！

　　戴爾·卡內基有一次在電台發表演說，討論《小婦人》的作者
露易莎·梅·艾爾科特。當然，卡內基非常清楚她住在麻塞諸塞州
的康科特，並在那裡寫下她那本不朽的著作。但是，戴爾·卡內基
不知為何竟未加思索地貿然說出他曾到新罕布什爾州的康科特，去
憑弔過她的故居。如果卡內基只提到新罕布什爾州一次，可能還會
得到諒解。但是，卡內基竟然說了兩次。無數的信件、電報雪片般
湧進他的辦公室，多數人憤慨不平，有一些則侮辱他。其中有一位
名叫卡洛妮亞·達姆的女士，她從小在麻塞諸塞州的康科特長大，

當時住在費城，她把滿懷的怒氣全部發洩在卡內基身上。如果有人指稱露易莎·梅·艾爾科特小姐是來自新幾內亞的食人族，大概也不會令她更生氣了，因為她的怒氣實在已經達到了極點。

卡內基一面讀她的信，一面對自己說：「感謝上帝，我並沒有娶這個女人。」卡內基真想寫信告訴這位卡洛妮亞·達姆女士，雖然自己在地理上犯了一個錯誤，但她在禮節上犯了更大的錯誤。於是卡內基捲起袖子，準備把自己真正的想法告訴她。但最終他沒有那樣做。他控制住了自己。因為他明白，任何一位急躁的傻子都會那麼做——大部分的傻子也真的那麼做了，但他卻不是那些傻瓜。因此卡內基決定試著把她的敵意改變成善意。這將是一項挑戰，卡內基對自己說：「畢竟，如果我是她，我的感受也可能跟她的一樣。」於是，卡內基決定同意她的觀點。

由於卡內基向她道歉並贊同她的觀點，使得達姆夫人也向他道了歉，並同意他的觀點，卡內基很滿意，因為他以寬厚的態度回報了一次侮辱。更重要的是，事情有了一個完美的結局。

寬容不是懦弱，也不是一味的逆來順受，而是在理解的基礎上的大度、忍讓，並以此求得在矛盾激化前客觀解決問題的辦法。在你想要發怒時，你應該告訴自己，他們就是我們，他們所犯的錯誤我們也會犯。如果你能寬容別人的過失，你會比發怒更快樂。寬容是一劑處世良藥，在與人交往的時候，請別忘記將其隨身攜帶！

·3·

沒有肚量的人不會有大成就

一個人沒有容人的肚量就不會有任何成就。一個寬宏大量的人最容易與別人融洽相處，同時也最容易獲得朋友。歷史上的成功之人並非有三頭六臂，也並非天賦異稟，而是因為他們有容人的肚量。

寬容是人類生活中至高無上的美德。因為寬容包含著人的心靈，因為寬容可以超越一切，因為寬容需要一顆博大的心。因為寬容是人類情感中最重要的一部分，這種情感能融化內心的冰霜。而缺乏寬容，將使人從偉大墮落成連平凡都不如。

古希臘神話中有一位大英雄叫海格力斯。有一天他走在坎坷不平的山路上時，突然發現腳邊有個袋子似的東西絆了他一下，海格力斯於是憤怒地踩了那東西一腳，誰知那東西不但沒有被踩破，反而膨脹起來。海格力斯因此更加惱怒，隨手拿起一根碗口粗的木棒向它砸去，誰知那袋子似的東西竟然膨脹到把路堵死了。

這時，山中走出一位聖人，對海格力斯說：「朋友，快別動它，忘了它，離它遠去吧！它叫仇恨袋，你無視它，它就會恢復如初；你對它感到憤怒、報復它，它就會膨脹起來，回報你同樣的憤怒與仇恨，擋住你的路，與你敵對到底！」

我們生活在茫茫人世間，難免會與別人產生誤會、摩擦。如果不注意，在我們心中仇恨便會悄悄增長，最終將堵塞住我們通往成功的道路。所以，我們一定要記住在自己的仇恨袋裡裝滿寬容，那樣我們就會少一分煩惱，多一分機遇。寬容別人也就是寬容自己。

　　古人曾說：「人之有德於我，不可忘也；吾有德於人，不可不忘也。」意即別人對我們的幫助千萬不可忘記，別人若有愧對我們之處也應該樂於忘記。老對別人的錯處念念不忘的人，實際上受傷害最深的是他自己的心靈。這種人輕則內心充滿抱怨，鬱鬱寡歡；重則自我折磨，甚至不惜瘋狂報復，釀成大錯。而那些樂於忘記的人不僅能忘記自己對別人的好，更難得的是他們能忘記別人對他們的不好，因此他們可以甩掉不必要的包袱，無牽無掛地輕鬆前進。

　　一個寬宏大量的人最容易與別人融洽相處，同時也最容易獲得朋友。古今中外因為有容人之量而獲得他人頌揚的例子不勝枚舉。

　　好男兒欲成大事，首先要學的不是如何受辱，而是包容使自己受辱的那些事、那些人。並非做出成績來給汙辱你的人好看，而是從受辱中奮起。具有容人之量是一種超脫，是自我性格力量的解放，是天高雲淡，一片光明；具有容人之量是一種寬容，方能胸無芥蒂，容納百川；肚量大的人，心大、心寬，悲愁痛苦的情緒都在嬉笑怒罵、咆哮大喊中被消解遺忘。豁達是一種開朗，是一種自信，可以予人智勇，使人消除煩惱，擺脫困境；豁達還是一種修養、一種理念、一種至高的精神境界。

　　歷史上，成功的人物並非有三頭六臂、天賦異稟，而是他們的肚量比一般人大。就像彌勒佛被人歌頌「大肚能容，容卻人間多少事；笑口常開，笑盡人間古今愁」。

　　寬容性格的培養，主要在於把自己視作一個平凡的人，把自己看作社會中的一份子，想到能與他人相處共事是一種幸福的緣分，盡力消除以自我為中心的心理傾向，對世界心存感激，思及他人的優點和好處，讓你寬容心的波長與別人的波長一致。只有透過這種

心靈的「廣播電台」，你才能和別人交換資訊和意見，化敵為友，增加你人生中的朋友和夥伴。寬容和愛這種情感，只要肯付出給別人，終究會回報於自己。

一個沒有容人肚量的人不會有任何成就。寬容是一種藝術，寬容別人不是懦弱，更不是無奈的舉措。在短暫的生命裡學會寬容別人，能使生活中平添許多快樂，使人生更有意義。正因為有了寬容，我們的胸懷才能比天空更寬闊，才能盡容天下難容之事。

·4·

寬容者與其說是忍者，倒不如
說是智者

> 寬容是一種非凡的器度、寬廣的胸懷；寬容是一種仁愛的光
> 芒、無上的福分；寬容是一種生存的智慧、生活的藝術。

　　寬容是一種充滿智慧的處世之道，吃虧是福，誤解、謾罵、
忘恩負義都不去計較，這種吃虧其實就是一種寬容的智慧。以一種
博大的胸懷和真誠的態度寬容別人，就等於送給自己一份神奇的禮
物；寬容別人帶來的愉快本身就是至高無上的。

　　世界上的事情往往如此，你越是對別人的做法感到理解和寬
容，越會襯托出你的高貴和尊嚴，你也因此活得更加輕鬆。

　　馮夢龍在《增廣智囊補》中說：「智不足，量不大。」看來，
寬容、智慧和修養三者是密不可分的。

　　人們常說「大人有大量」，這個「大」不僅指官位「大」、地
位「高」，更重要的是指眼界「大」、修養「高」。

　　舉凡有修養的人，不會因外界的刺激而流露出怨、怒、喜、惡
的神情，他們控制自己的感情，審時度勢、處變不驚、顧全大局。
他們對世俗的言行舉止看得非常平淡，不論遇到什麼事都心平氣
和。這一切都源於他們的寬容大度。

　　寵辱不驚，說起來容易，若想真的成為自身修養的一部分，非

一日一時可成，因為寬容不僅是「海量」，更是一種修養促成的智慧。只有那些胸襟開闊、眼光遠大，有著深厚修養的人才會自然而然地運用寬容。

可是，在日常生活中，人們更多採用吵嚷、謾罵和詆毀的方式。在遇到冤枉和委屈時，他們會辯解、申訴、抱怨，甚至怒氣沖天地高聲怒罵以求得心理平衡；遇到喜事時，他們會手舞足蹈、喜形於色；遇到意外事件時，他們則是瞠目結舌、不知所措。而困惑和挫折並沒有因為他們的反感而有絲毫的減少或改變。因此，寬容、恬淡地看待世事才是人生的大智慧，而且一旦領會了這種境界，你會發現自己的視野變得更寬闊了。

寬容是一種非凡的器度、寬廣的胸懷，是對人對事的包容和接納；寬容是一種高貴的品格、崇高的境界，是精神的成熟、心靈的豐盈；寬容是一種仁愛的光芒、無上的福分，是對他人的釋懷，卻也是對自己的善待；寬容是一種生存的智慧、生活的藝術，是看透了社會人生以後所獲得的那份從容、自信和超然。「開口便笑，笑古笑今，凡事付諸一笑。大肚能容，容天容地，於人何所不容。」寬容的可貴不只在於對同類的認同，更在於對異類的尊重——這也是大家風範的一個標誌。

寬容忍讓像一面鏡子，隨時映照出人的胸懷。得理不饒人、睚眥必報的人只會照出其猥瑣、醜陋與猙獰；而對胸懷寬廣、心地坦蕩的人，鏡中則會映照出萬朵蓮花。時時寬容，常常忍讓，人會達到精神的最高點，並能寵辱不驚，心境安寧。

寬容是一種最高貴的美德，沒有人窮困到毫無機會表達寬容的地步，沒有人能比施予寬容的人更強大、更高貴。一個人的心胸有多寬廣，他就能贏得多少人心。付出寬容，你將收穫無窮。

·5·

寬容才是交友的上乘之道

古往今來，「寬容」都作為一種美德而備受人們的推崇。現今，它更是越來越受到人們的重視和青睞。在人際交往中，人們都把這兩字視作調和人際關係的法寶。尤其在朋友之間，寬容更是不可缺少，它就是解除隔閡的最佳良藥，結交良友的上乘之道。

學會寬容，是處世的必要。世間並無絕對的好壞，往往正邪善惡交錯，所以我們立身處世有時也要有清濁並容的雅量。眼裡容不得一粒沙子，錙銖必較，不僅尷尬，還招致仇怨，實在不值得。在日常生活中，難免會發生這樣的事：親密無間的朋友無意或有意做了傷害你的事，你是寬容他，還是就此分手，或伺機報復？有句話叫「以牙還牙」，分手或報復似乎更符合人的本能心理，但你若這樣做了，仇怨只會越結越深，冤冤相報何時了？如果你在切膚之痛後，採取別人難以想像的態度，寬容對方，表現出他人難以達到的襟懷，你的形象就會高大起來，你的寬宏大量、光明磊落將使你的精神達到了一個新的境界，你的人格也折射出高尚的光彩。寬容作為一種美德一直受到人們的推崇，今日作為一種人際交往的心理因素，也越來越受到人們的重視和青睞。

寬容是解除隔閡的最佳良藥，寬廣胸襟是交友的上乘之道，寬容能使你贏得朋友深厚的友誼。

　　一般人總認為，讓做錯事的人得到懲罰才算公平。但英國詩人濟慈卻說：「人們應該彼此容忍，每個人都有缺點，在他最薄弱之處，每個人都能被切割搗碎。」每個人都有弱點與缺陷，都可能犯下無可避免的錯誤。作為肇事者要竭力避免傷害他人，但作為受害者更要以博大的胸懷寬容對方，避免怨恨等負面情緒產生，消除人為的緊張，癒合身心的創傷。美國第三任總統傑弗遜與第二任總統亞當斯從交惡到寬恕就是一個顯著的例子。

　　傑弗遜在就職前夕，想到白宮去告訴亞當斯，他希望針鋒相對的競選活動並沒有破壞他們之間的友誼，但傑弗遜還沒來得及開口，亞當斯便咆哮起來：「是你把我趕走的！是你把我趕走的！」從此兩人絕交達數年之久，直到後來傑弗遜的幾個鄰居去探訪亞當斯，這位堅強的老人仍在訴說那件難堪的事，但接著衝口而出：「我一直都喜歡傑弗遜，直到現在仍然喜歡他。」鄰居把這話傳達給了傑弗遜，傑弗遜便請了一個他們兩人都熟悉的朋友傳話，讓亞當斯也明白他深厚的友情。後來，亞當斯回了一封信給他，兩人從此開始了美國歷史上最偉大的書信往來。這個例子告訴我們，寬容是一種多麼可貴的精神，多麼高尚的人格。

　　寬容意味理解和通融，它是增進人際關係的調和劑，是友誼之橋的緊固劑。寬容還能將敵意化解為友誼。據司馬光《資治通鑑》記載，武則天時代的宰相婁師德以仁厚寬恕、恭勤不怠聞名於世，司馬光評價他：「寬厚清慎，犯而不校」。侍郎李昭德罵他是鄉巴佬，他笑著說：「我不當鄉巴佬，誰當鄉巴佬呢？」當時的名相狄仁傑也瞧不起婁師德，想把他排擠出朝廷，他也不計較。後來武則天告訴狄仁傑：「我之所以了解你，正是婁師德向我推薦的。」狄仁傑聽了慚愧不已。婁師德的寬宏大量讓狄仁傑對他的「敵對」轉化成了「朋友」。

我們每個人的心裡都藏著一樣神奇的素質稱為「友情」，你不知道它究竟是如何發生、何時發生，但你卻知道它總會帶給我們一些特殊的禮物。你也會了解友情是上帝所給予我們的最珍貴的贈禮！有朋友在的人生旅途上，我們才會有關愛和扶持，才不會有寂寞和孤獨；有朋友的生活，才會少一點風雨，多一點溫暖和陽光。其實，寬容永遠都是一片晴天。

·6·

容人之過，才能用人之才

俗話說：「將軍頭上能走馬，宰相肚裡好撐船。」這是對一個領導者最好的褒獎，也是作為領導者能容人的最高境界。領導者只有會容人，才能正確用人；不能容人，也就談不上用人。

能寬容，就能發展壯大。三國時期的曹操之所以能從僅有幾個子弟兵，到剿滅北方群雄，逐鹿中原，擁有百萬大軍，與他「山不厭高，水不厭深」的胸懷是分不開的。

西元200年10月的某一天，官渡之戰剛打完，曹軍正在清點戰果時，一位官員抱著大量信件，急匆匆地來向曹操報告：袁紹倉皇逃走，留下不少東西，其中有一批書信，是京城許都和曹營中的一些人暗地裡寫給袁紹的。曹操接過信，翻了一下，讓人一封一封念出來。這些信大都是吹捧袁紹的，有的乾脆表示要離開曹營，投奔袁紹而去。

曹操的親信聽了這些信件的內容，都很生氣，有的說：「吃裡扒外！應該把他們抓起來以軍法處置。」

然而曹操卻微微一笑，開口說：「把這些信統統燒了。」

這道命令使在場所有人都愣住了。

「不查了？」有人輕聲問道。

「對，要知道，當時袁紹軍力之強，連我都感到不能自保，何

況大家呢？」

　　經曹操這麼一說，在場的人都覺得有道理。

　　這件事傳出去後，那些暗通袁紹的人才把心裡一塊大石頭放下，其他人也覺得曹操肚量大，體恤部下，能夠容人，願意在他的麾下效力。曹軍的軍心更振奮了。

　　俗話說：「將軍頭上能走馬，宰相肚裡好撐船。」這是對一個領導者最好的褒獎，也是作為領導者能容人的最高境界。所謂「金無足赤，人無完人」，每個人或多或少都有缺點。人才，不一定是全才；能人，不一定是完人。「峰高谷低」，優點突出的人，往往缺點也很明顯。人才之所以是人才，主要不是因為他們沒有缺點，而是因為在某些方面有過人之處。如果一味地求全責備，甚至用放大鏡看缺點，就很難找到可用之才。

　　美國南北戰爭時期，最初九年，林肯領導的北軍雖然擁有人力、物力上的絕對優勢，卻連吃了好幾場敗仗，後來林肯決定任命格蘭特為總司令，但有人反對，說格蘭特嗜酒貪杯。而林肯卻說：「如果我知道他喜歡什麼酒，倒應該送他幾桶。」結果由於林肯重用了格蘭特而反敗為勝。由此可見，有些才能出眾的人，其缺點往往也突出。因此，在選人用人上應該切忌求全責備。在一些已開發國家中，有的公司用人有一條規定，在經營中失利的人優先。看來，這種做法不無道理。

　　西漢末年，更始帝有一次巡視軍營，一名裨將因違反軍規而被綁在轅門外等候處斬。許多將士為之求情赦免，更始帝不准。這時在更始帝身邊的劉秀說了一句話：「使功不如使過，何不讓他戴罪立功呢？」更始帝沉思片刻，即令人鬆綁。後來這位裨將果然在作戰中立了大功。

　　這是合乎人們心理的。有過錯的人往往比有功勞的人更容易接受困難的任務，此外，容忍有過錯的人這件事本身，對有過錯的人來說就是一種強大的激勵力量，足以使其一蹴而就，創造出令人驚歎不已的成績。特別是他們因犯錯而受到社會歧視和冷落後，其最大的願望往往就是恢復自己的價值和尊嚴，重新獲得社會的肯定，領導者一旦提供這種機會，就能使其加倍感激領導者的尊重和信任，從而迸發出超乎常人的熱情和幹勁，完成常人難以完成的任務。

　　水至清則無魚，人一旦太精明就沒有願與你共事的人。領導者只有會容人，才能正確用人。不能容人，也就談不上能用人。這是領導者用人藝術的辯證法。在下級的功、過、個性、私仇面前，領導者如果能以海納百川的器度容納，並能動之以情、曉之以理、酌時以導、量事以用，下級必然願意鞠躬盡瘁地為領導者付出，甘心情願地為領導者所用，否則，領導者的用人藝術也就會大打折扣。

·7·

胸襟寬一分則和，行為讓一步則順

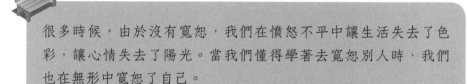

很多時候，由於沒有寬恕，我們在憤怒不平中讓生活失去了色彩，讓心情失去了陽光。當我們懂得學著去寬恕別人時，我們也在無形中寬恕了自己。

　　有句話說得好：「天空收容每一片雲彩，不論其美醜，故天空廣闊無比；高山收容每一塊岩石，不論其大小，故高山雄偉壯觀；大海收容每一條溪流，不論其長短，故大海浩瀚無涯；黑夜收容每一點光亮，不論其明暗，故黑夜星光閃爍而美麗動人。」

　　競爭激烈的現代社會，充斥著鉤心鬥角、爾虞我詐。在這種情況之下，彰顯自己並且襯托別人便成為立足社會的雙贏智慧。寬容能化解世上一切的矛盾、誤會，能給予人美好的環境、美好的心情。寬容是一種修養，是對自己的人格與性情的冶煉，從而使自己的心胸趨向博大，使自己的視野變得深遠。

　　英國前首相邱吉爾在面對落選的狼狽時，表現得極為坦然。當他從祕書的口中得知自己落選時，邱吉爾爽朗一笑道：「好極了！這說明我們勝利了！我們追求的就是民主，民主勝利了，這難道不值得慶賀？」說得是那樣從容、那樣理智，處事讓一步為高，退步是進步的根本，被這位豁達的政治家表現得淋漓盡致。

　　在某一次酒會上，一個女政敵高舉酒杯走向邱吉爾，並指了

指邱吉爾的酒杯說：「我恨你，如果我是你的夫人，我一定會在你的酒杯裡下毒！」顯然，這是在挑釁，但邱吉爾卻笑了笑，友好地說：「您放心，如果我是您的先生，我一定把它一飲而盡。」他的從容不迫不得不讓我們欽佩，不僅給對方一個台階下，也表現了自己待人的寬容之心。

利人是利己的根基，邱吉爾用行動詮釋了寬容這個詞。

海洋的確寬容，天空的確廣袤，宇宙也的確浩瀚，但是比這些更廣闊的卻是人的胸懷。寬容如一縷清風，吹走夏日的炎熱；寬容如沁人心脾的芬芳，即使是在大雪紛飛的冬天也能嗅到清香。

寬容是一種胸襟、一種器度、一種眼光。事實上，不可能人人都成為偉人，在社會這個座標上，每個人都有自己的定位。大人物固然風光無限，然而小人物也有屬於自己的陽光。當別人踩到你的腳忙著說對不起時，你應揮揮手說聲「沒關係」；當別人在無意間中傷你時，你應不計前嫌，用行動證明自己；當別人為自己的行為而後悔時，你更應去體諒他、包容他。寬容其實就這麼簡單。

做人要學會設身處地替別人著想，學會不去計較，這是一門簡單而又複雜的哲學，然而卻影響著每一個人的一生。試想一下，如果每個人都心胸狹窄，那麼人性所本來擁有的真善美又何從發揮呢？人類失去寬容之心就如同鳥兒失去翅膀，天空失去色彩，地球失去水源，所有的一切都將黯然失色。

寬容是人與人之間交往的基礎，它給人們留下了適當的空間，使彼此之間能融洽相處。倘若你以友好真誠的態度寬容對方，便給了他們自覺改正錯誤的時間與空間，這是鄙夷不屑、諷刺挖苦或蠻橫態度所達不到的。

寬容需要一定的自制力，一個心胸狹窄的人是很難寬恕別人的，也難以得到別人的寬恕。唯有將自己放入生活的激流中去刻意鍛鍊，才能造就沉穩的性格與豁達的心態。如此一來，才能在突發

事件前鎮定自若、理清思路，寬容才能顯示出其獨特的魅力。

　　心胸寬闊的人往往不過分計較得失，他們的心靜如止水，對待生活是樂觀而又從容不迫，對待他人是友好而又寬容大方，因此，他們比別人過得瀟灑。

　　學會寬容，在人生旅途上，即便遇到了淒風苦雨的日子，碰到了困苦與挫折，也能做到閑看庭前花開花落，漫隨天外雲捲雲舒。帶一份平和、一份智慧去接納雲，去挽留魚。彰顯我們的長處，接納別人的短處，在茫茫競爭的人海中，盡顯自己雙贏的人生智慧。因為我們堅信，一切都將過去，只要寬容以待。

　　世上有無數的人在等待別人的寬恕。寬恕的受益人不只是被寬恕者，還有和他們一樣多的人可以得到好處——就是那些寬恕他們的人。寬恕是一座讓我們遠離痛苦、心碎、絕望、憤怒和傷害的橋。在橋的那一端，平靜、喜悅、祥和正等著迎接我們。讓我們敞開寬闊的胸襟，像大海那樣去接納所有的江河吧，那不是無奈，而是一首扣人心弦的交響樂。

·8·

在處理面子的問題上，智者選擇 的是寬容

每個人都愛面子，你給他面子就是給他一份厚禮，而他也會還你一份尊敬。在處理面子的問題上，智者選擇的是「寬容」。

　　人們總是盡其全力來保持顏面，為了面子問題，可以做出常理之外的事。有句歌詞非常流行，「若是某些記憶使你痛苦，何不輕易地去遺忘它。」但是談何容易！在知道人們是如何地注重面子後，還必須盡量避免在公眾場合使你的對手難堪，必須時刻提醒自己不要做出任何有損他人顏面的事。據說，在清朝末年，有外國人這樣告誡自己的同僚：和中國官員打交道時，怎麼威脅壓榨都可以，只是在來去時，不要走正門，而要走小門，這樣「滿大人」就會覺得自己很有「面子」。

　　這故事的真假暫且不論，但是它的確刺到了中國人的痛處。中國人最講究面子，很多利益可以失去，但面子不能失去。我們常聽到這樣的惱怒：某某人太不給面子了！所以，你一定要了解「面子問題」，處理好「面子問題」，如果處理失當，會對你的人際關係和事業造成很大的困擾。

　　中國人就是不能吃「沒面子」的虧，所以行走在社會上，必須了解到這一點，這也就是很多精於世故的人從不輕易在公開場合說

一句批評別人的話的原因，寧可高帽子一頂頂地送，既保住別人的面子，別人也會如法炮製，給你面子，彼此心照不宣，盡興而散。

　　年輕人常犯的毛病是，自以為有見解、有口才，逮到機會就大發宏論，把別人批評得一無是處，他自己卻很是痛快。其實這種舉動正是在為自己的禍患鋪路，總有一天會吃到苦頭。

　　無論你採取什麼方式指出別人的錯誤：一個蔑視的眼神、一種不滿的腔調、一個不耐煩的手勢，都有可能帶來難堪的後果。你以為對方會同意你所指出的錯誤嗎？絕對不會！因為你否定了他的智慧和判斷力，打擊了他的榮耀和自尊心，同時還傷害了他的感情。他不但不會改變自己的看法，還會進行反擊。

　　永遠不要說這樣的話：「看著吧！你會知道誰是對的。」這等於在說：「我會使你改變看法，我比你更聰明。」這實際上是一種挑戰，在你還沒有開始證明對方的錯誤之前，他已經把你視作敵人了。由於你的「不給面子」，他的反擊也會毫不留情。

　　事實上，給人面子並不難，也無關乎道德，給人面子基本上就是一種互助，尤其在一些無關緊要的事情上，你更要給人面子。至於重大的事，考慮到自己利益的最大化，就可以考慮不給。你若堅決不給，對方也不敢對你有意見！他若強要面子，就有可能在最後失去面子。

　　總而言之，帶著「我能替對方做什麼，讓他有面子」的想法來做就對了。人都是講究「投桃報李」的，你給了別人面子，輪到你時，自然也會有人給你面子，為你效勞。寬容別人的過錯，不要當場揭穿，這是給予對方面子的最好方法！

·9·

多一點寬容，生命就會多一點空間

> 我們每個人都不可能獨立走完自己的人生。只要別人的個性不會直接傷害我們，為什麼不多一點寬容？多一點對別人的寬容，其實，我們生命中就多了一點空間。

南非的曼德拉，因為領導反種族隔離運動而入獄，白人統治者將他關在荒涼的羅本島上27年。當時儘管曼德拉已近中年，但白人統治者依然像對待一般的年輕囚犯一樣虐待他。

但是，當1991年曼德拉出獄當選總統後，他在總統就職典禮上的一個舉動震驚了全世界。

總統就職儀式開始後，曼德拉起身致辭歡迎他的來賓。他首先介紹了來自世界各國的政要，然後他說，雖然他深感榮幸能接待這麼多尊貴的客人，但他最高興的是當初他被關在羅本島監獄時，看守他的3名前獄方人員也能到場。他邀請他們站起身，以便他能介紹給大家。

曼德拉博大的胸襟和寬宏的精神，讓南非那些殘酷虐待了他27年的白人慚愧得無地自容，也讓所有到場的人肅然起敬。看著年邁的曼德拉緩緩站起身來，恭敬地向3個曾關押他的看守致敬，在場的所有來賓都靜默了下來。

後來，曼德拉向朋友們解釋說，自己年輕時性子很急，脾氣暴躁，正是在獄中學會控制情緒才活了下來。他的牢獄生活給了他時

間與激勵，使他學會了如何處理自己遭遇苦難的痛苦。他說：「感恩與寬容經常是源自痛苦與磨難的，必須以極大的毅力來訓練。」

他說起獲釋出獄當天的心情：「當我走出囚室、邁過通往自由的監獄大門時，我已經清楚，自己若不能把悲痛與怨恨留在身後，那麼我其實仍在獄中。」

我們之所以總是煩惱纏身，總是充滿痛苦，總是怨天尤人，總是有那麼多的不滿和不如意，是不是因為我們缺少曼德拉的寬容和感恩呢？

記住曼德拉27年牢獄生活的總結：感恩與寬容經常是源自痛苦與磨難的，必須以極大的毅力來訓練。

我們每個人都不可能獨立走完自己的人生之路。只要別人的個性不直接傷害我們，為什麼不多一點寬容？多一點對別人的寬容，其實，我們生命中就多了一點空間。

·10·

愛情如水，寬容是杯

夫妻之間心胸寬廣、互相體諒為佳，倘若彼此狹隘，斤斤計較，得失觀念太重，家庭生活是難得太平的。愛情如水，寬容是杯。

　　大凡人與人相遇、相知、相伴都是緣，是一面之緣、同窗之緣、朋友之緣、親人之緣……但，這之中再沒有哪一種緣分比姻緣更能讓人心儀。兩個原本陌生的人，因那冥冥之中的緣分而走到一起，從此共同面對風雨人生，攜手同行，「我所能知道的最浪漫的事，就是陪著你慢慢變老」，有一首歌這樣唱道。多麼讓人感慨，從戀愛的時候起，一對戀人互相述說過的愛情誓言是難以計數的，但結婚以後，要真正實現「長相知」、「永相守」，夫妻間還要經歷多少感情的波折也是難以預料的。

　　有調查證明，目前社會的夫妻中，關係較好的佔40％；關係普通，有些矛盾的佔30％；關係惡化，經常吵架甚至鬧離婚的佔30％。自然，這些數字所描繪的絕不是美妙的圖畫，應該引起新婚夫婦們的警惕。

　　心理學家曾對80例夫妻間的爭吵進行分析，發現3/4以上是由於一方的指責所引起。這些指責往往起源於發現了對方的某些過失、因疏忽而犯的錯誤或無意間說錯的話。在被指責者不服而辯解或反過來責怪對方時，夫妻間的爭執與彆扭就加劇了。這種由指責引起

爭吵，由爭吵引起感情破裂的事，真是不勝枚舉。

心理學家說，在受到別人的指責或責備時，除非是做了明顯的絕對無可推諉的錯事，否則大多數人都會產生辯駁心理。所謂「辯駁」心理，就是想為自己辯解，說明自己是無意，或者因為當時情況複雜，錯誤難免等，無非是想找點「情有可原」的理由來減輕一下自己受責備時的心理負擔。值得注意的是，這種心理現象幾乎是本能的，也可以說是一種「自然防衛」心理，也可以說是人的自尊需求。在很多情況下，並不表示受指責者想推卸責任。實際上在辯解後，他（她）的心理漸趨平衡，接著便開始自責、承擔責任了。只有一向驕傲或虛榮心太重的人，才會一味地推卸責任。

了解這一點後，在你發現伴侶的過失而責備他（她）的時候，不妨聽他（她）辯解幾句，讓他（她）心裡好受些。不可一味地責備，不要將他（她）辯解的言辭一句句地反駁，使他（她）沒有台階可下，否則必然會使他（她）更激動，不理智的話就會冒出來，使得爭吵發生。

也許，對方的某一過失並不值得你去加以責怪，因為那只是一個小過失，或者在那種情形下，換成是你，這些過錯也是會犯的。即使對方的過失不小，這種道理也同樣存在。因此心理學家主張，為了減少過失進一步給雙方帶來不快，夫妻間在發現對方不十分嚴重的過失時，最好不要去責備他（她）。如果你能夠安靜地聽他（她）講述事情的經過，聽他（她）為自己辯白，然後帶一種寬慰對方的語氣說一聲：「啊，今後注意一些就是了」或者「算了，算我們運氣不好吧！」這是最好的處理方式。此時有過失的一方定能如釋重負。雖然他（她）還在自責，然而他（她）的心理壓力減輕了，還會深深地感激你。

事實上，犯錯是難以避免的，因為我們大多時候都不謹小慎微（而且謹小慎微有時也會成為一種過失）。很多時候，人們都免不了犯錯，例如不留神打碎了玻璃、遞茶時燙到了對方的手等；且不

說這些小錯誤一般人並不會生氣，就是犯下了更大的過失，在對生活有著開朗豁達態度的那些夫妻中，也不會大驚小怪，互相指責而吵架。因此夫妻關係中，還是心胸寬廣、互相體諒為佳，倘若彼此狹隘，斤斤計較，得失觀念太重，家庭生活是難得太平的。在那些對婚姻生活思想準備不足、理想色彩很濃的新婚小夫妻中，因一方的小過失而引起雙方的不快的事，也時有所見。

不要隨便指責對方是問題的一個方面，與此同時，新婚夫妻還應該注意，少犯或不犯有傷對方自尊心或傷害雙方感情的過失。這些過失不同於打碎或丟失東西，可以用錢來計算，傷害了感情就會在夫妻間微妙的關係中留下陰影。比如妻子好幾次嫌丈夫出門穿得不夠整齊，襯衫釦子不扣，今天見丈夫還是老樣子，就有點生氣地說：「你總是不像個樣子，早知道就不跟你結婚了！」此話說得過頭，很容易傷害他的自尊心。碰上脾氣差的，馬上還你一句：「你後悔了？那我們就離婚吧！」這樣就兩敗俱傷了。在相互的評價問題上，夫妻雙方都是很敏感的。

對雙方的過失要有寬容的態度，夫妻之間不是為了在一場爭吵中分個高低勝負，而是幫助對方認識過失和改正過失，今後不再發生類似的過失。只有雙方採取這種妥善的解決辦法，才能在一方有過失時，仍保持夫妻關係的和諧，保證愛情更長久。

請相信，無論世事如何變遷。婚姻和愛情仍然是最為古老、美麗的故事！只要我們多一份責任、多一份珍愛對方之心、多一份寬容對方之心、多承擔一份苦難、少一些責難、少一些逃避、對生活多一點熱情、對感情多一點激情、對婚姻多一點寬容，用心去經營婚姻中的感情世界，我們就一定能和所愛的人執子之手，與子偕老！

·11·

寬容別人，但同時也不要忘了
寬容自己

> 年輕人是否能成就一番事業，要看他們是否能以一種寬容的心態控制自己，是否能夠以柔克剛。能寬容別人，以柔克剛，才會有將來的成功。

你改變不了環境，但可以改變自己；你改變不了事實，但你可以改變態度；你改變不了過去，但你可以改變現在；你不能預知明天，但你可以把握今天。這是成大事者必備的良好心態。在成大事者的眼中，任何艱難困苦都不足以讓人心灰意冷，反而更加鼓舞士氣，激發起一定要做成大事的欲望。

在成大事的過程中，一個人難免會有受委屈的時候，而如何以柔克剛，盡顯本色，則是值得我們學習的。年輕人是否可以成就一番事業，要看他是否能以一種寬容的心態控制自己，是否能夠以柔克剛。能寬容別人，以柔克剛，才會有將來的成功。

列夫·托爾斯泰雖然很有名，又出身貴族，但他卻喜歡和平民百姓在一起，與他們交朋友。

有一次，他做長途旅行，路過一個小火車站，想到車站上走走，便來到了月台上。這時，另一列火車正要開動，汽笛已經拉響

了。托爾斯泰正在月台上慢慢走著，忽然，一位女士從列車車窗裡向他直喊：「老頭兒！老頭兒！快替我到候車室把手提包取來，我忘記拿了。」

原來，那位女士見托爾斯泰衣著簡樸，還沾了不少塵土，把他當作了車站的搬運工。

托爾斯泰趕忙跑進候車室拿來提包，遞給了那位女士。

女士感激地說：「謝謝你呀！」隨手遞給托爾斯泰一枚硬幣，「這是賞給你的。」

托爾斯泰接過硬幣，瞧了瞧，裝進了口袋。

正巧，女士身邊有個旅客認出了那位風塵僕僕的「搬運工」就是托爾斯泰，大聲對女士叫道：「太太，您知道您賞錢給誰了嗎？他是列夫‧托爾斯泰呀！」

「喔！老天爺！」女士驚呼起來，「我這是在做什麼！」她對托爾斯泰急切地解釋說：「托爾斯泰先生！托爾斯泰先生！看在上帝的面上，請別計較！請把硬幣還給我吧！我怎麼會給您小費呢？多不好意思！我這是做出什麼事來啦！」

「太太，您為什麼這麼激動呢？」托爾斯泰平靜地說：「您又沒做什麼壞事！這枚硬幣是我賺來的，我得收下。」

汽笛再次長鳴，列車緩緩開動，帶走了那位惶惑不安的女士。

托爾斯泰則微笑著，目送列車遠去，再度繼續他的旅行。

做人要懂得以退為進之道，因為以退為進會增加人進步的動力。忍人所不能忍，當然需要勇氣和毅力，需要青年人擁有良好的寬容與忍讓的心態，同時，更需要一種成大事者的大家風範。青年人要成大事，這種寬容心態是必不可少的，唯有如此，才能在關鍵時刻顯出成大事者寬宏大度的風範，才能贏得人心，從而成就一番事業。

寬恕別人，就學會寬恕自己。當你遇到挫折時，自己要保持

良好的心態，要有戰勝困難的信心和勇氣。你不小心跌倒了，不要趴在地上懊悔，應該站起來擦亮眼睛繼續往前走；路走錯方向了，不要停留在原地徘徊，要迎著日月星辰，明辨方向不動搖。沒有人理解其實並不可怕，可怕的是我們對自己失去了信心。高山不理解流泉，設置了許多路障，泉水卻永不停歇，繞過頑石，傾瀉斷崖之下，變成了飛瀑，變成了大江，奔向浩瀚的大海。船不理解岸，總要離去，但岸總是等待著，永遠張開寬大的臂膀。太陽不理解月亮，不喜歡她黯淡的光，月亮卻永遠追隨著太陽，當太陽落山後，她卻用淡淡的柔光照亮整個黑夜！

·12·

寬容是成大事者必備的良好心態

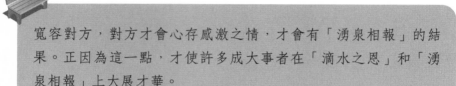

寬容對方，對方才會心存感激之情，才會有「湧泉相報」的結果。正因為這一點，才使許多成大事者在「滴水之恩」和「湧泉相報」上大展才華。

寬容是一種博大的胸懷，是一種崇高的美德。在處世中不應唯我獨尊，對不同的觀點、行為要予以理解和尊重，即使自己有理，也不能咄咄逼人，得理不讓。

中國儒家思想中有「受人滴水之恩，必當湧泉相報」的古訓，其意非常容易理解：要想得到別人對自己有利的一面，就要先做出對別人有益的一面。也可以說是寬容在發揮作用。寬容對方，對方才會心存感激之情，才會有「湧泉相報」的結果。正因為這一點，使許多成大事者才在「滴水之恩」和「湧泉相報」上大展才華。

華人首富李嘉誠小時候，還只是個茶樓跑堂的，那時他每天要工作十幾個小時，可以說天天處於疲乏之中。聽客人聊天，成了李嘉誠排困解乏的最佳療法，然而，有一天卻發生了意外。

那天，一位客人坐在桌旁大談生意經，那些生意經中的鬥智鬥勇、爾虞我詐，令李嘉誠大開眼界。他覺得做生意很神奇也很刺激，一時竟聽得入迷，忘了自己的本職工作，沒有及時為客人倒茶。

這時，有一位夥計看到李嘉誠如癡如醉的樣子，而客人的杯子早空了，便大聲叫他，李嘉誠這才回過神來，慌張地拿起茶壺為客人倒茶。由於動作匆忙，他一不小心，竟把茶水淋到了客人的褲腿上。

　　李嘉誠嚇壞了，呆呆地站在那裡，不知該如何向那位客人賠禮道歉。客人是茶樓的衣食父母，是堂倌侍候的大爺。若遇上蠻橫的客人，必會甩堂倌幾個耳光，還會找上老闆要求嚴懲。

　　李嘉誠知道自己闖下了大禍，無法想像將會有什麼樣的厄運降臨到自己身上。他早已聽說，在自己進來之前，有一個堂倌也犯了這樣的過失，而那位客人是位「三合會白紙扇」（黑社會師爺）。老闆自然不敢得罪那位「煞星」，硬是逼著堂倌給那位大爺下跪請罪，然後就將他辭退了。

　　李嘉誠已做好了受罰的準備。老闆也跑了過來，正要責罵李嘉誠時，想不到那位客人竟說：「是我不小心碰了他，不怪這位小師傅。」茶客一味為李嘉誠開脫，老闆當然樂得順水推舟，也就不再說什麼，只是恭恭敬敬地向客人連聲道歉。

　　這位客人坐了一會兒就走了，李嘉誠愣愣地回想著剛剛發生的事，依然心有餘悸，雙眼濕漉漉的，暗自慶幸遇上了好人。

　　事後，老闆對李嘉誠道：「我曉得是你把水淋到了客人的褲腿上。以後做事千萬得小心，萬一有什麼閃失，要趕緊向客人賠禮道歉，說不定就能大事化小。那位客人心善，若是惡劣一點的人，還不知道會鬧成什麼樣子。開茶樓，老闆夥計都難做啊！」

　　回到家後，李嘉誠把這件事說給母親聽，母親感歎不已，覺得兒子確實很幸運。她說：「菩薩保佑，客人和老闆都是好人。」她又告誡兒子：「種瓜得瓜，種豆得豆」；「積善必有善報，作惡必有惡報。」

　　李嘉誠對母親的告誡謹記在心。他滿心感激那位好心的客人，也感激老闆對自己的寬容。

其實,李嘉誠逃過這一劫,並非僥倖,這是他平日積善得善報的結果。由於他平時真誠待人,吃苦耐勞,顧客和老闆自然是看在眼裡,記在心上,自然不願為難他。如果是一個懶惰不負責任的夥計,客人早就看他不順眼,老闆早就對他心懷不滿。即使沒事,飯碗也很危險,若真鬧出點事來,還能有好果子吃嗎?

所以,從某種意義上來說,李嘉誠是自己拯救了自己,是用自己一貫誠實勤勞的作風度過了這一次險境。

但是,李嘉誠後來依然對那位好心的客人念念不忘。他多年以後,曾對別人說:「這雖然是件小事,在我看來卻是大事。如果我還能找到那位客人,一定要讓他安度晚年,以報他的大恩大德。」

李嘉誠從小便從父母那裡接受了中華民族傳統的道德教育,如「以和為貴」、「和氣生財」等。但那時他並不能完全領會其中的真正涵義。這一次「飯碗危機」才讓他真正體會到了這些傳統美德的重要作用。有親身體驗,才會去貫徹執行。後來的李嘉誠始終信奉「以和為貴」、「積德行善」等寬容的做人準則,這也為他的事業發展開闢了道路。

李嘉誠是一個對生活充滿感激之心的人,他感恩的對象甚至包括他所僱用的工人。

寬容為懷是解決問題的最好途徑。寬容可以在一個人危難的時候給予幫助;可以在一家企業的困境前夕給予援助。尊重別人就是尊重自己,寬容別人,才會給自己帶來廣闊的天空。由此可見,寬容是成大事者必備的良好心態之一。

·13·

寬容是一著以退為進的絕妙好棋

> 寬容是一種堅強，而不是軟弱。寬容要以退為進、積極地防禦。寬容所展現出來的退讓是有目的、有計劃的，主動權掌握在自己的手中。

　　寬容是一種堅強，而非軟弱。寬容要以退為進、積極地防禦。寬容所展現出來的退讓是有目的、有計劃的，主動權掌握在自己的手中。老子說：「夫唯不爭，故天下莫能與之爭。」這句話的意思是，正因為不與人相爭，所以天下無人能與他相爭。

　　這可是一個充滿大智慧的做人與做事哲學。可惜的是，兩千多年來，能參悟和運用這一做人哲學的人如鳳毛麟角。在名利權位面前，人們常常忘乎所以，一個個巴不得你吃了我，我吞了你，爭鬥個沒完。可到頭來，這些爭得你死我活的人，大都落得遍體鱗傷、兩手空空的下場，有的甚至身敗名裂、命赴黃泉。

　　當然，也有深諳此術並獲得成功的人。

　　三國時的曹操很注重繼承人的選擇。長子曹丕雖為太子，但三子曹植更有才華，文名滿天下，很受曹操器重，令曹操產生了換太子的念頭。

　　曹丕得知消息後十分惶恐，忙向他的心腹大臣賈詡討教。賈詡說：「願您有德行和器度，像個寒士一樣做事，兢兢業業，不要違

背做兒子的禮數，這樣就可以了。」曹丕深以為然。

有一次曹操親征，曹植又在高聲朗誦自己作的歌頌曹操武勇與功德的文章，並顯示自己的才能。曹丕卻伏地而泣，跪拜不起，一句話也不說。曹操問他原因，曹丕便哽咽著說：「父王年事已高，還要掛帥親征，作為兒子我心裡又擔憂又難過，所以說不出話來。」

一言既出，滿朝蕭然，都為太子如此仁孝而感動。相反地，大家倒覺得曹植只曉得為自己揚名，未免華而不實，有悖人子孝道，作為一國之君恐怕難以勝任。畢竟作文章不能代替道德和治國才能，因此還是「按既定方針」，太子還是原來的太子。曹操死後，曹丕順理成章地登上魏國皇帝的寶座。

其實最初，曹丕是極不甘心自己的太子之位被弟弟奪走的，他想拚死一爭，卻又明知自己的才華遠在曹植之下，勝算極微，一時竟束手無策。但他畢竟是個聰明人，經賈詡的點化，腦袋頓時開竅：爭是不爭，不爭是爭。與其爭不贏，不如不爭，我只需恪守太子的本分，讓對方一個人盡情去表演吧！最後，這場兄弟奪嫡之爭以不爭者勝而告終。

曹丕以不爭而保住太子之位，而東漢的馮異則以不爭而被封侯。不爭是爭，這一哲學也許更適用於我們今天的社會。

在這個物質資源分配不均的社會裡，爭名奪利的事情每天都在發生，有人為的圈套，也有自然的陷阱，它們如同一個巨大的漩渦，把無數人都捲了進去。

對此，最聰明的做法是，迅速遠離它！因為在橫渡江河時，只有遠離漩渦的人，才能首先登上成功的彼岸。

當我們陷入生活的最低谷時，往往會招致許多無端的蔑視；當我們處在為生存苦苦掙扎的緊要關頭時，往往又會遭遇肆意踐踏你尊嚴的人。針鋒相對的反抗是我們的本能，但往往會讓那些缺少智

慧者更加暴虐。我們不如理智去應對，以一種寬容的心態去展示並
維護我們的尊嚴。

第二章

寬容是一種高貴
的品格

──寬容境界高，身心皆豐盈

·1·

寬容者能容天下難容之事

寬容是一種藝術，寬容別人並非懦弱，更非無奈的舉措。在短暫的生命裡學會寬容別人，能使生活中平添許多快樂，使人生更有意義。正因為有了寬容，我們的胸懷才能比天空還遼闊，才能容盡天下難容之事。

　　任何人際關係中都存在著分歧、爭吵以及矛盾衝突，這往往令雙方不快甚至造成傷害。那麼我們是應該忽視這些分歧、衝突還是因此而放棄彼此間的親密關係？其實這兩者都不可取，前者類似於掩耳盜鈴，後者無異於因噎廢食。真正能解決問題的辦法是寬容。寬容是一種器量。而我們在為人處事時必須有一點器量，這樣不僅有助於個人的成長、與人相處的和諧，而且不至於因為一點小事而處於尷尬的境地。

　　人們往往愛用「宰相肚裡能撐船」一語來形容人的器量大。這當然是一種很誇張的比喻。其實器量大只需要有一種排放有害「氣體」的能力即可，這種「氣體」可能是上司的批評，也可能是下級的非難，可能是不知情者的無端指責，也可能是妒忌者的惡意中傷。

　　一個人如果不具備將刺耳傷心的話像汽車排放廢氣般排泄出去的能力，而終日耿耿於懷，整天生悶氣，或是想方設法進行報復，那麼即使他的肚子大得能駛得下航空母艦，恐怕也不能算是器量大

的人。

　　華盛頓在上小學時就開始不斷約束自己的行為，他辛勤地抄寫100多條「如何成為一名紳士」的準則，其中包括不要在飯桌上剔牙以及同別人談話時不要離得太近，以免「唾沫濺在人家臉上」等。

　　1754年，已升為上校的華盛頓率部隊駐防亞歷山大市，當時正值維吉尼亞州會議選舉議員，有一位名叫威廉·佩恩的人反對華盛頓成為候選人。

　　有一次，華盛頓就選舉問題和佩恩展開了一場激烈的爭論，其間華盛頓失言，說了幾句侮辱性的言詞，令身材矮小但脾氣暴躁的佩恩怒不可遏，揮起手中的山核桃木手杖將華盛頓打倒在地。

　　華盛頓的部下聞訊趕來，要為他們的長官報仇雪恨，華盛頓卻阻止並說服大家平靜地返回營地，一切由他自己來處理。翌日上午，華盛頓託人帶給佩恩一張便條，約他到當地一家酒店會面。佩恩理所當然地以為華盛頓會要求他道歉及提出決鬥的挑戰，料想必有一場惡鬥。

　　誰知到了酒店，大出佩恩之所料，他看到的不是手槍，而是酒杯。華盛頓站起身來，笑容可掬，並伸出手來迎接他。「佩恩先生，」華盛頓說，「人都有犯錯的時候。昨天確實是我的過錯。你已採取行動挽回了面子。如果你覺得已經足夠，那麼就請握住我的手，讓我們做個朋友吧！」

　　這件事就這樣皆大歡喜地結束了。從此以後，佩恩成了華盛頓最熱心的崇拜者和堅定的支持者之一。

　　在生活中，如果你受到羞辱，不妨讓對方坐下來一起談談，告訴對方這樣做不僅對你不具任何作用，還會羞辱對方的人格，而你是不會介意的。如果受到批評，先反思一下自己是不是真的有批評中的缺點，如果沒有，再想想對方的思考方式是不是與你不同，站

在對方的角度去考慮一下事情的成因。如果受到誣陷，你不妨與對方一起把事情弄明白，不必與他爭論是非，事實是最有說服力的。

中國有句古話，叫「量小非君子」。拋開成敗得失不談，一個人的器量是大是小，能夠從根本上展現一個人的品格優劣。至少，器量大一點，可以做到不那麼令人討厭。

做到「大人有大量」還真不那麼容易，除了要有達觀的處世態度外，還得有堅強的自制力和豐富的知識。

自制力從何而來？從生活中來。首先，你得立志鍛鍊自己做一個器量大的人，並且付諸實踐。其次，只要堅持鍛鍊，你就可以獲得成功。

「曾經滄海難為水，除卻巫山不是雲。」一個人知識豐富了，立足點就會提高，眼界也會相應地變得開闊，此時，就會對一些「身外之物」拿得起，放得下，丟得開；「大肚能容，容天下難容之事」，有了這份胸襟，相信沒有什麼人際矛盾不能化解。寬容是一種藝術，寬容別人並非懦弱，更非無奈的舉措。在短暫的生命裡學會寬容別人，能使生活中平添許多快樂，使人生更有意義。正因為有了寬容，我們的胸懷才能比天空還遼闊，才能容盡天下難容之事。

·2·

寬容是成功者必須鍛造的一種人格

寬容大度的人，厚德載物，雅量容人，推功攬過，能屈能伸。「原諒失敗者之心，注意成功者之路」，處事方圓得體，待人寬嚴合宜。所以，他們往往會成就一番事業。

地窪下，水流之；人寬容，德歸之。人與人之間需要寬容、需要理解。寬容是調和劑，可以消除隔閡，減少誤會，化解矛盾；寬容是潤滑劑，能調節關係，減少摩擦，避免衝突；寬容是清新劑，會令人感到舒適、溫馨、自信，感到世界的美。「有容乃大」是時代最珍貴的人性品格，是時代成功者必須鍛造的一種人格。

清朝紅頂官商胡雪巖就是一個很好的例子：他寬容大度的胸襟為他在商場中奠定了深厚的基礎。

有一段時間，胡雪巖與龐二合夥做絲業收購，兩人齊心協力，逼壓洋人，抬高國人絲價，為了這件事，胡雪巖費了大量心血。誰知朱福年卻暗地搞鬼，使臨近交貨時竟出了一場亂子。

作為龐二下屬的朱福年，人送外號「豬八戒」，他野心勃勃，因此想借龐二的勢力，在上海絲場上做江浙絲幫的首腦人物，因而對胡雪巖表面上「看東家的面子」不能不敷衍，暗地裡卻處心積慮想打倒胡雪巖。但是，他不敢明目張膽地跟胡雪巖作對，只在暗中操作。所幸，還是被尤五發現問題，派人告訴古應春，古應春又告

訴當時身在蘇州的胡雪巖，聽得古應春細說原委，胡雪巖心中漸漸有了想法，要制服朱福年。

因朱福年做事不實在，不僅在胡雪巖與龐二聯手銷洋莊的事情上作梗，還拿龐二的銀子「做小貨」，龐二自然不能容忍。依龐二的想法，他是一定要徹底查清朱福年的問題，狠狠整治他後，辭退他。但胡雪巖卻覺得不妥，說：「一發現這個人不對勁，就徹底清查後請他走人，這是普通人的做法。最好是不下手則已，一下手就叫他心服口服。諸葛亮『火燒藤甲兵』不足為奇，要燒得他肯死心塌地替你出力，那才算本事。」

胡雪巖的做法是：先透過關係，弄清楚朱福年自開戶頭，將絲行的資金劃撥「做小貨」的程序與情況，然後再到絲行看帳，在帳目上點出朱福年的漏洞。然而，他也只是點到為止，不點破朱福年「做小貨」的真相，也不再深究，讓朱福年感到自己似乎已經被抓到了「把柄」，但又似乎沒有。同時，胡雪巖還給出時間，讓朱福年檢點帳目，彌補過失，等於有意放他一條生路。最後，則明確告訴朱福年，只要盡力，他仍然會得到重用。

這下，朱福年心驚不已，自己的毛病自己知道，卻不明白胡雪巖何以瞭若指掌，莫非他在店中埋了眼線？照此看來，此人高深莫測，真要步步小心才是，他的疑懼流露在臉上，胡雪巖就索性開誠布公：「福年兄，你我相交的日子還淺，恐怕你還不知道我的為人，我的宗旨一向是有飯大家吃，不但吃得飽，還要吃得好。所以，我絕不肯輕易敲碎別人的飯碗，不過做生意跟打仗一樣，總要齊心協力，人人肯拚命，才會成功，過去的都不用說了，往後看你自己，你只要肯盡心盡力，不管心血花在明處還是暗處，我說句自負的話，我一定看得見，也一定不會抹殺你的功勞，在你們二少爺面前幫你說話。或者，你若看得起我，將來願意跟我一起打天下，只要你們二少爺肯放你，我歡迎之至。」

這番話聽得朱福年激動不已：「胡先生，胡先生，您話都說到

這種地步了，我朱某人再不肯盡心盡力，就不是人。」他對胡雪巖如此畢恭畢敬，顯然是對胡雪巖徹底心服了。要知此人平日裡總是自視清高，加之龐二「強硬」的作風，平日裡總在有意無意間流露「架子大」的味道。此刻一反常態，才是內心真正的表現。

凡事講個「信」字，尤其是在商場上，人們在追求利潤時，往往有時會見利忘義，也就忘掉了所謂的「信」。饒人一條路，傷人一堵牆。多個朋友多條路，多個冤家多堵牆。以信為本，得饒人處且饒人。胡雪巖的寬容大量收服了朱福年，也靠信義結交了龐二，成為互相依託的股東，這為胡雪巖以後闖入上海絲業創造了一個良好的契機。寬容大度的人，厚德載物，雅量容人，推功攬過，能屈能伸。「原諒失敗者之心，注意成功者之路」，處事圓滑得體，待人寬嚴合宜。所以，他們往往會成就一番事業。

·3·

愛到極致是寬容

有人把婚姻比喻成愛情的墳墓，認為一旦走入婚姻，兩人之間的愛就變淡了。其實不然，只要彼此對愛多一點寬容，用寬容之心去經營彼此的感情世界，就一定能和所愛的人執子之手，與子偕老！

當愛情走過熱戀到達婚姻殿堂時，那些熾熱的話語、親密的言詞、相互的神祕感正慢慢消逝，取而代之的是再平凡不過的日常生活。戀愛需要投入，婚姻更需要經營。戀愛需要浪漫，婚姻更需要在平凡中加些點綴；戀愛需要理解，婚姻更需要寬容。

曾聽過這樣一個真實的故事：一對男女為了衝破外界的阻力，彼此等候了十多年的時間，然而等到雙方終於歷經磨難修成正果，卻在不到三年的時間裡，便因家庭瑣事經常發生爭吵而最終分手。所以有一句話說得很對，「相愛容易，相守難」。其實，波瀾壯闊、驚心動魄的愛情是少見的，即使有，也終將朝細水長流的親情轉化。愛需要緣分的催化才能發芽，更需要傾盡包容之心的呵護才能永保生機和活力。「天底下沒有兩片完全相同的樹葉」，再相似，再有默契的一對夫妻，看問題的角度、做事情的方式都難免有差異。也就是說，不可能一方所說的每句話、所做的每一件事情都能符合另一方的心意，因而日常生活中有矛盾發生是正常的，偶爾的爭吵也是不可避免的。因此有矛盾、爭吵並不可怕，可怕的是長

期缺乏溝通，缺乏對彼此應有的包容和諒解。茫茫人海中能走到一起不容易，有了孩子更不容易，若婚姻存續期間，每對夫妻都能向自己負責，向對方負責，向孩子負責，都能多一份包容，少一份計較，法院勢必會少收許多離婚訴訟，家庭勢必會多一份溫馨美滿，社會勢必多一份和諧安寧。

雖然愛情需要努力去呵護，婚姻需要盡力去維繫，但並不是要大家為此無原則地去妥協、忍受委屈。當感情不在、婚姻成為一種負擔時，每個人都有權利要求解脫，去重新追求自己的幸福。只是當這種情況來臨時，希望雙方選擇的不是心存怨恨、斤斤計較，而是寬恕、心平氣和地去化解矛盾、解決問題。畢竟曾經相愛、相互扶攜、親密無間地一起走過。所以，對於孩子問題、錢財問題，特別是後者，沒必要太計較，要多聽取對方的意見。對於曾經的爭吵，曾經給彼此造成的傷害，應該忘記、釋懷。因為寬恕別人就是寬恕自己，善待別人也等於善待自己。

我曾經在一本雜誌上看到過這樣一則故事：一個即將出嫁的女兒問她的母親：「媽媽，結婚後我要如何經營我的愛情？」這位母親沒有說話，只是用雙手從地上捧起一捧沙子，這時的沙子在她手裡是滿滿的，而當這位母親把雙手握成拳頭時，沙子馬上從每個指縫間迅速流逝，使得手中的沙子所剩無幾。此時這位母親說：「愛情，當你抓得緊緊的時候，它往往流逝得更快，反之，它會讓你感到很滿意、很幸福。」

這位母親說得很有道理，夫妻之間有很多時候就是這樣，你越去強求，就越不一定能得到。是你的東西不用強求也丟不了，不是你的東西強求來了也會失去。愛需要空間，婚姻則需要彼此之間的寬容。

有一位名廚曾說過這樣一句名言：「在這個世界上，無論你

如何努力，都不可能滿足每一個人的胃口。」廚藝如此，做人亦然。站在自己的立場上，其他人未必都合自己的胃口，而站在其他人的立場上，你又何嘗能符合每個人的胃口？這樣看來，做人就應該多存一份寬恕包容之心。也難怪孔子會說：「己所不欲，勿施於人。」其中講的就是恕道。

有人把婚姻比喻成愛情的墳墓，認為一旦走入婚姻，兩人之間的愛就變淡了。其實不然，只要我們彼此對愛多一點寬容，多承擔一份苦難，用寬容之心去經營彼此的感情世界，就一定能和所愛的人執子之手，與子偕老！

·4·

寬容和諒解可以化解人生的仇怨

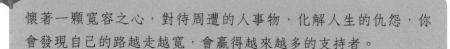

懷著一顆寬容之心，對待周遭的人事物，化解人生的仇怨，你會發現自己的路越走越寬，會贏得越來越多的支持者。

大千世界，不會人人相同，總有你不喜歡的性格，總有你不滿意的做法，我們應該試著包容別人：對他人無意的傷害給予寬容，對他人偶爾過激的言辭給予理解，對他人不同的觀點給予認同，對他人另類的想法給予尊重……如果懷著一顆寬容之心，對待周遭的人事物，你會發現自己的路越走越寬，會贏得越來越多的支持者。

大鵬奮力而飛，翅膀就像垂天的雲彩。牠等候海上颶風的到來，然後搏扶搖而直上，水擊三千里，飛向遙遠而光明的南方，然而燕雀、寒蟬卻對大鵬的「不鳴」不以為然，牠們譏笑道：「只要有根樹枝可以落腳即可，何必非要飛到九萬里的高空呢？」寒蟬的譏笑只不過是「小知不知大知」，而大鵬志在千里，不鳴則已，一鳴驚人，因此，牠們能夠寬容，等待一飛沖天的機會到來。寬容和諒解可以化解人生的仇怨。

生活永遠在源源不斷地製造著譏笑，這是不變的話題，沒有人能一生不遭遇到別人的譏笑，但是比這更重要的是你的態度。有些人一輩子被譏笑的陰影籠罩，自暴自棄；而有些人則因譏笑而奮發，成就一番功名，這才是人生的強者。只有為大鵬者，方能容忍寒蟬的譏笑。

　　第十六屆美國總統亞伯拉罕・林肯出生於一個鞋匠家庭，而當時的美國社會非常看重門第。林肯為競選總統在參議院演說時，遭到一個參議員的羞辱。那位參議員說：「林肯先生，在你開始演講前，我希望你記住你是一個鞋匠的兒子。」林肯不卑不亢地回答：「我非常感謝你使我想起我的父親，他已經過世了，我一定會永遠記住你的忠告，我知道我做總統無法像我父親做鞋匠做得那麼好。」

　　這句誠懇真摯的話語使參議院瞬間陷入了沉默，林肯轉頭對那位傲慢的參議員說：「據我所知，我的父親以前也曾為你的家人做過鞋子。如果你的鞋子不合腳，我可以幫你修好它。雖然我不是偉大的鞋匠，但我從小就跟隨父親學到了做鞋子的技術。」然後，他又對所有的參議員說：「對參議院的任何人都一樣，如果你們穿的那雙鞋是我父親所做的，而它們需要修理或改善，我一定盡可能幫忙，但是有一件事情是可以肯定的，我無法像他那麼偉大，他的手藝是無人能比的。」說到這裡，林肯流下了眼淚，在場所有人無不為之感動，就連嘲笑者也同大家一樣，發出真誠的掌聲。

　　也許是對這份嘲笑的不屑，也許是對真誠的尊重，當然更多的是對林肯真知灼見的敬佩，使眾人推選林肯為美國總統。作為一個出身卑微的人，林肯沒有任何貴族社會的背景，他唯一可以倚仗的只有本身出類拔萃的才華，這正是一個聰明人所表現出來的素質。

　　不可否認，一個人的出身對其成長的影響是極大的。在某些特定的歷史條件下，對許多人來說，是龍生龍，鳳生鳳，老鼠的兒子會打洞，甚至是八分、九分天注定，一分、二分靠打拚。但是，隨著歷史的發展和社會的進步，一個人的命運越來越不取決於自己的出身，而越來越多地取決於個人自身的努力。

　　當面對他人的嘲笑和挑釁時，林肯沒有覺得自卑，也沒有因此而感到無地自容。他坦然地面對出身，真誠地熱愛自己平凡而普通

的父母，並表示願意用竭盡全力對社會進行奉獻和服務來報答父母的恩情，他聰明的回答贏得了大家的尊重。

　　面對別人的嘲諷，你能夠寬容地面對並且靜下心來彌補自己的不足，才得以圖大志；面對別人的譏笑，你能夠寬容地面對，以深厚的修養來冷靜處理，才能贏得人心。人與人需相互依靠才能生存，因此，唯有養成忍耐與寬容的品行，才能適應這個社會。

·5·

多一些理解，少一些苛責

不要苛責於人，要多給別人一些理解、一些寬容，並傾聽別人的解釋。這樣既能使對方知錯能改，又會對你心懷感激，欲湧泉以報。

關於立身處世的道理，自古以來的聖賢都認為，要嚴以律己，寬以待人。嚴以律己，能不斷提高自己的修養水準；寬以待人，則可以贏得尊敬和友誼，還能盡量不得罪人，不為將來埋下隱患。凡事多為別人設身處地地想一想，從而不對犯錯的人求全責備，既能使對方知錯能改，又會對你心懷感激，湧泉以報。這實在是一種為人處世的大智慧。有一句常說的話：「做人要厚道。」什麼是厚道？厚道不是窩囊，而是一個人願意包容和悲憫別人的許多過錯，能設身處地站在別人的立場上去思考，且因內心厚道而去薄責別人。一個能夠少苛責別人的人就是一位真君子，他那種坦蕩寬容的襟懷是一種由內而外洋溢出來的人格力量。

漢代著名的宰相丙吉擔任丞相時，他的駕車小吏十分喜歡飲酒，有一次他隨丙吉外出，竟然醉得吐在丞相的車上。他的主吏表示應該將這種人撤職。丙吉聽到這種意見後卻說：「如果以喝醉酒的過失就將人撤職，那麼讓這種人到何處安身呢？暫且容忍他這一次吧，畢竟只是把車上的墊子弄髒了而已。」

這位駕車小吏來自邊疆，對邊塞在緊急情況下的警戒事務比較熟悉。他有一天外出，正好遇見驛站的騎兵手持紅白兩色的袋子飛馳而來，便知是邊境報警的公文到了。到了城中，這位駕車小吏就尾隨著驛站騎兵來到公車署（漢代京都負責接待臣民上書、徵召和邊郡使者入朝的機構）打探詳情，了解到敵虜入侵雲中、代郡兩地，他急忙回來求見丙吉，向丙吉報告有關情況，並建議：「恐怕敵虜所入侵地區的地方官員因年邁體弱，已不能勝任軍事行動，建議您預先了解一下有關官吏的檔案資料，以備皇上詢問。」丙吉認為他講得很有道理，就讓官吏將有關資料詳細報來。

　　不久，皇上下詔召見丞相和御史，詢問敵虜入侵地區的主管官員情況。丙吉一一做了回答。而御史大夫陡然之間不知詳情，無法應對，因此受到皇上的斥責。

　　丙吉顯得非常忠於職守，時時詳察邊境的軍政情形，實際上這是得力於駕車小吏！

　　容忍他人的小過失，對方會以自己的一技之長來回報，而責備只會讓人徒增怨恨。被寬容者往往把感恩之情存放在心底，一旦有機會能讓其發揮所長時，他必定會竭盡所能地來回報。由此看來，那些刻意尋找他人過錯、動輒對人大聲責罵的人，豈不是太愚蠢了嗎？

　　責己厚，則進德修業快；責人薄，則人易從。責己、責人互相關聯。重視責己的人，對人不會過嚴；責人太嚴的人，往往不重視責己。需知責人太嚴，會招來怨恨。孔子說：「人而不仁，疾之已甚，亂也。」

　　當然，不「薄責於人」不僅僅是為了「遠怨」，每個人都不完美，「尺有所短，寸有所長」，與其把精力浪費在關注別人的缺點上，還不如多用點心思提高自己的修養。

在《論語‧憲問》中有記載：「子貢方人。子曰：『賜也賢乎哉？夫我則不暇。』」

意思是有一次孔子的學生子貢在孔子面前議論別人，孔子聽後十分不高興，教訓子貢說：「你自身就足夠完美了嗎？我是沒有議論別人是非的閒工夫的。」

把苛責、議論他人的話都消弭在肚子裡，你將發現會受益匪淺。每個人生來都有生存的權力，哪怕他非常貧窮，哪怕他是一個卑劣的人，人們都不應該去鄙視他，都應該禮貌地去對待他，因為他和所有人一樣都是自然的產物，理所應當地有權利享受所有人都應享有的一切。在日常生活與工作中，我們不得不和他人相處，相互間的摩擦是少不了的，這就需要我們提升自我修養和素質，有一定的包容能力，包容小人的斤斤計較和小肚雞腸，包容別人的過失。「人無完人，金無足赤」，每個人都有個性中的缺點，除非自己不斷完善、提升自己，否則誰都無法改變他人的個性，因此我們不能拿對方無知的一面來懲罰自己。寬容別人，少一些苛責，其實也是對自我的一種解放。

·6·

學會寬容，懂得分享

人間不能沒有寬容，世上更加需要理解。懂得寬容的人生是高雅的，與人分享的心靈是美好的。給別人一個笑臉，讓自己收穫一份坦然。學會寬容是豁達，懂得分享是智慧。為了別人，更為了自己，讓我們學會寬容，懂得分享，願寬容之情、分享之愛遍灑人間。

當你一不留神踩了別人一腳，你會歉意地說聲「對不起」，得到的回答是「沒關係」，你的心情會依然愉悅；當你在無意中撥錯了別人的電話，你會歉意地說聲「對不起」，得到的回答是「沒關係」，你的心中會油然而生一股感激。這就是寬容與理解。

獨佔是一種狹隘的心態，它會扭曲你的心理，造成內心的貧乏，並最終毀滅自己。因此，我們在與人合作時應當學會分享。

心胸狹隘者、冷漠自私者、利慾薰心者都不會懂得什麼是分享，因為分享與狹隘、冷漠、貪婪無關。真正的分享是一種對情誼的珍重和心靈的豁達。蘋果和梨子之間的交換，是一種互通有無的分享；痛苦與歡樂之間的交流，是一種惺惺相惜的分享。有了分享，才有了愛心的傳遞和永恆；有了分享，才有了力量的綿延和蓬勃。把你的痛苦與人分享，你的痛苦將會減少一半；把你的快樂與人分享，你的快樂將增加一倍。這就是分享的魅力所在，這就是分享的高貴之處！

　　有一個農夫請無相禪師為他的亡妻誦經超渡，法事完畢之後，農夫問道：「禪師，你認為我的亡妻能從這次法事中得到多少利益呢？」

　　禪師照實說道：「當然！佛法如慈航普渡，如日光遍照，不只是你的亡妻可以得到利益，一切有情眾生無不得益呀！」

　　農夫不滿意地說：「可是我的亡妻個性非常柔弱，其他眾生也許會佔她的便宜，奪走她的功德，能否請您只單單為她誦經超渡，不要回向給其他的眾生呢？」

　　禪師感慨於農夫的自私，但仍慈悲地開導他說：「回轉自己的功德以趨向他人，使每一位眾生均沾法益，是個很討巧的修持法門。『回向』有回事向理、回因向果、回小向大的內容，就如一光並非照耀一人，而照耀大眾；天上太陽只有一個，而萬物皆受照耀；一粒種子可以生長萬千果實，你應該用你發心點燃的這一根蠟燭去引燃千千萬萬支蠟燭，如此一來不僅光亮增加了百千萬倍，這支蠟燭本身也並不因此而減少自己的光芒。如果人人都能抱持這種心態，則我們微小的自身就會因眾人的回向而蒙受許多功德，何樂而不為呢？故我們佛教徒應平等看待一切眾生！」

　　但農夫仍然頑固地說：「這教義雖好，但還是請禪師為我破個例吧。我的鄰居他經常欺負我、害我，我恨死他了。所以，如果禪師能把他從一切有情眾生中除去，那該有多好呀！」

　　禪師聞言，不禁以嚴厲的口吻說道：「既曰一切，何有除外？」

　　聽了禪師的話，農夫更覺茫然，若有所失。

　　自私、狹隘的心理，在這個農夫身上表露無遺。每個人都希望自己好，但如果你容不得別人好或別人比你好，那就是自私加狹隘。自私、狹隘會毀掉一個人的生活，我們必須努力使自己學會與人分享。

學會寬容、懂得分享的人才能擁有一切，自私狹隘的人終將被人厭棄。無論是工作中還是生活中，我們都要擯棄自私狹隘的習慣，否則我們就會傷害到自己。

　　學會寬容是豁達，懂得分享是智慧。所以，拒絕冷漠，拋棄虛偽，遠離邪惡，寬容與分享才會成為一顆成色絕佳的寶石，為你散發出生活的繽紛絢麗。

·7·

寬容的人才能淡定自若

寬容做人，就是寬大有器量，不計較或追究。古代聖賢十分推崇寬恕、容人。老子認為，人的心胸應該如水一樣虛靜深遠，包容一切，化解一切；墨子則指出，做人要有海洋的氣魄，能容人、恕人。

寬容無疑是一種美好的品格。我們每個人都喜歡和寬容的人來往，因為這樣的人往往有器量，不會斤斤計較；我們應時常告誡自己要做個寬容的人，因為唯有如此才能成為肚裡能撐船的「宰相」。

學會了如何做人，自然心中就有了處世的原則和標準。有胸襟、有涵養的人能淡然面對不平，忍受常人難以忍受的委屈。

平時我們與人交往，不論是朋友，還是工作上要面對的客戶，都應重視「一團和氣」，避免偏激待人、為自己樹敵。

曾國藩在長沙的嶽麓書院讀書時，室友中有一個人個性很急躁，有一天看到曾國藩將書桌挪到窗前，就抱怨說：「你把光線擋住了，這樣我沒辦法讀書，快挪開！」曾國藩便把書桌移開了。晚上曾國藩掌燈用功時，那人又碎唸道：「平常不唸書，三更半夜的卻點著燈唸書，還讓不讓人睡覺啊？」曾國藩便不出聲地默誦。

不久之後，曾國藩中了舉人，傳報到時，那個人大怒道：「這

屋子的風水本來是我的，反叫你奪去了。本來該我中舉人才是。」
一旁的同學聽了都覺得很氣憤，就反問他：「書案的位置不是你自
己放的嗎？怎麼能怪曾國藩呢？」那個人說：「正因如此，才奪了
我的風水。」同學們都覺得那個人實在無理取鬧，不可理喻，都替
曾國藩打抱不平。但是，曾國藩卻和顏悅色、毫不在意地勸走了同
學，還安慰同室的室友。他以自己的胸襟和涵養平息了同學之間的
紛爭。

　　任官後，曾國藩因求才心切，因此也有被騙的時候。當時有
一個冒充校官的人來拜訪曾國藩，高談闊論，不可一世。曾國藩禮
賢下士，對投幕的人都傾心相待，但心中卻不喜歡說大話的人。他
見這人言詞伶俐，心中好奇，當談論到用人需杜絕欺騙時，那人正
色道：「受欺不受欺，全在於自己是何種人。我縱橫當世，略有所
見，像中堂大人這樣至誠盛德者，他人不忍欺；像左公（宗棠）這
樣嚴氣正性者，別人不敢欺，而其他種人就算不欺騙他，他也會懷
疑自己受騙，或者上了當還不自知的也大有人在。」曾國藩察人一
向重條理，見此人講了四種「欺法」，覺得頗有道理，就對他說：
「你可到軍營中，觀察一下我所用的人。」

　　第二天，那人便去拜見營中文武各官，回來後煞有介事地對曾
國藩說：「軍中多豪傑俊雄之士，但我從中發現有兩位君子式的人
才。」曾國藩急忙問是何人，那個人就說是塗宗流和郭遠堂。這正
和曾國藩的看法一致，曾國藩大喜稱善，將之待為上賓，但因一時
沒有合適的職務，便讓他督造船炮。

　　過了幾天，兵卒向曾國藩報告那人偷了製造船炮的錢逃走了，
請發兵追捕。曾國藩默然良久，說：「不要追了。」曾國藩雙手持
鬚，喃喃唸道：「人不忍欺，人不忍欺。」身邊的人聽到後想笑又
不敢笑。又過了幾天，曾國藩舊話重提，幕僚便問為什麼不發兵追
捕。曾國藩說：「現今國勢內憂外患、流寇橫行，此人其實很有膽
識和才華，現在他只是想騙些錢，如果發兵去追，把他逼急了，恐

怕會投入敵營，助紂為虐，那為害可就大了。區區之金，與本人受欺之名皆不足道。」

　　做人處世若能像曾國藩這樣胸襟坦蕩、虛懷若谷，就可以使人與人之間以誠相待，互相信賴。能夠博取到人們對你的支持和真誠相助，事業就有成功的希望。寬容做人，就是寬大有器量，不計較或追究。古代聖賢十分推崇寬恕、容人。老子認為，人的心胸應該如水一樣虛靜深遠，包容一切，化解一切；墨子則指出，做人要有海洋的氣魄，能容人、恕人。一個懂得寬容的人無論面對生活中任何是是非非，都能保持一顆從容而淡定的心。

·8·

給予了別人，自己同樣有所獲得

有句話叫做：「送人玫瑰，手有餘香」。不錯，在我們給予別人的同時，自己同樣會有所得。只想「借光」，而不願提燈的人，他的人生將永遠在黑暗中穿行。

　　世上也有缺乏寬容之心的人，他們小肚雞腸，儘管飯量大、酒量大，但是心眼小、器量小，芝麻綠豆大的小事都容不下。責人小過、揭人隱私、念人舊惡，已經成為他們的一種愛好。有人升官，他說是用金錢買來的；有人出名，他說是用作秀釣來的；有人發財，他說是用奸詐騙來的，總是把別人往壞處想，往死處說。這樣的人，凡事以自我為中心，以得失為基準，寧可我負天下人，不可天下人負我。埋怨、責怪、嫉恨就像一件件穢物般堵塞在他的心裡；仇視、嫉妒、提防就像一條條韁繩捆綁在他身上。到頭來，不容人則人不容，自己把自己孤立成了孤島一座、死水一潭、寡人一個，將自己逼向了山窮水惡、天地不應、求助無援的絕境。究其原因是因為他們不知什麼是給予。

　　捨得，捨得，只有捨，才能得。捨與得是緊緊相依在一起的。在人生的長河中，人們常常面臨著捨與得的考驗。

　　有一位旅行者在茫茫的沙漠中迷了路，驕陽似火，酷暑難耐。他攜帶的水早已經喝完了，他飢渴難忍，死亡在時刻向他逼近。

　　他在心裡暗暗地提醒自己：水！水！一定要堅持到最後一刻，找到水源。

　　憑著一股強烈的求生本能，他在沙漠中艱難地跋涉著，終於發現了一塊小石板。在小石板旁，他又發現了一個汲水機。

　　他迫不及待，用力地抽水，卻無論如何也抽不上來。

　　正在他心灰意冷、懊喪不已的時候，卻意外地發現汲水機旁還有一個水壺，當他拿起水壺準備一飲而盡時，他看到了上面寫著這樣幾行字：「旅行者，當你發現這個水壺時，它也許只剩下半壺水了。你把這半壺水灌進汲水機中，才能從井裡打出水來。記住，走之前請務必把水壺灌滿。」

　　他小心地打開蓋子，果然看到半壺清水。望著水，他猶豫起來，是馬上倒進乾渴的喉嚨？還是照紙上所寫的倒進汲水機？如果倒進汲水機又打不出來水，自己豈不會渴死？

　　最終，他果斷地拿起水壺，將水倒進了汲水機。果然，他真的從井裡打出了清洌的泉水。

　　旅行者興奮地喝了個痛快，一種由衷的幸福從心裡洋溢開來。

　　休息了一會兒，他將水壺重新裝滿水，蓋上蓋子，然後在紙條上加了幾句話：「請相信我，紙條上的話是真的，你只有先捨得半壺水，才能打出滿壺的水來。」

　　一位高人曾說：「捨得，捨得，只有捨，才能得。」是啊，捨與得是緊緊聯繫在一起的。在人生的長河中，人們常常面臨著捨與得的考驗。

　　給予和接受存在於所有的人際關係中，給予產生接受，接受又產生給予。上升之物必會降落，付出的也必定會回歸。

　　每一顆種子都蘊涵著千木成林的諾言，但你不能把種子儲存起來，必須還之於肥沃的土地。你給予的越多，你獲得的越豐厚。

　　事實上，生命中一切有價值的東西只會在給予時才能產生變

化。在給予中沒有變化的東西既不值得給予，也不值得接受。如果在給予別人時你若有所失，那麼，這種給予不是真正的給予，因而也就不會有所提升。

如果你是勉為其難地給予，這種給予便失去了意義。你在給予和接受當中所懷的意願是最為重要的，你的意願應該總是為給予者和接受者都創造出快樂。

當給予是無條件且真誠時，回報也是成正比的。所以給予這一行為必須是充滿快樂的——你的精神務必在給予時產生快樂的感覺。這樣在給予背後的能量才會成倍地增長。

如果你需要快樂，就先給予別人快樂；如果你需要愛，就先學會付出愛；如果你需要別人的關注和欣賞，就先學會對別人的關注和欣賞；如果你想在物質上富有，就先幫助別人變得富有。

事實上，得到最簡易的方法就是讓別人得到他們所要的。

這一原則同樣適用於個人、公司、社會和國家。如果你想幸福地擁有生命中一切美好的事物，那就學會祝福每個人都如意吧！

寬容者往往在人生中收穫更多，其實是因為他們懂得給予的方式和力量。寬容是照亮黑夜的一盞燈、寬容是遮蔽風雨的一把傘、寬容是溝通心靈的一座橋。再多點寬容吧，容人就是容己，拿出你的大度，用好你的智慧，奉獻你的愛心，學會寬容、學會給予別人，唯有你我相互寬容，相互給予，方能攜手並肩，共同創造出和諧幸福的快樂生活。

·9·

以一顆寬容的心感恩批評

> 批評是一種智慧,批評是一份愛心,批評是一片袒露的真誠,批評是一腔恨鐵不成鋼的期待與厚望。因此,我們要以一顆寬容的心深深地感激對手,感恩批評。

　　在現實生活中,有的人一聽到批評,就覺得如芒刺在背,也不管批評得對與不對,便想當然地認為批評者是存心跟自己「過不去」。「涵養」好一點的,是在「誠心接受」批評後,念念不忘給批評者「穿小鞋」,「涵養」差一點的,則免不了當場發作,與批評者針鋒相對。

　　客觀地說,無視或反對批評意見的人,很重要的一個原因在於沒有充分認識到批評意見的價值。批評是一種智慧,批評是一份關愛,批評是一片袒露的真誠,批評是一腔恨鐵不成鋼的期待與厚望。我們雖有「忠言逆耳利於行」之類的古訓,但總使人感到過於籠統,不足以從應有的高度全面揭示批評意見的價值。

　　同樣地,對手也是值得我們敬佩的,如果沒有對手,我們就不會前進,人生也就失去了意義。批評不免有欠公正,造成意氣用事乃至更甚者,這也是人之常情。但是,只要我們寬容地對待,不做無謂的爭辯,不做以牙還牙的對抗,凡事先考慮自身原因,就不會造成不好的後果。

1996年世界愛鳥日這一天，芬蘭維多利亞國家公司應廣大市民的要求，放飛了一隻在籠子裡關了四年的禿鷹。事過三日，當那些愛鳥者們還在為自己的善舉津津樂道時，一位遊客在距公園不遠處的一片小樹林裡發現了那隻禿鷹的屍體。解剖發現，禿鷹死於饑餓。

　　禿鷹本來是一種十分兇悍的鳥，甚至可與美洲豹爭食。然而，牠由於在籠子裡關得太久，遠離天敵，結果失去了生存能力。

　　無獨有偶。一位動物學家在考察生活於非洲奧蘭治河兩岸的動物時，注意到河東岸和河西岸的羚羊不大一樣，前者繁殖能力比後者更強，而且奔跑的速度每分鐘要比後者快13公尺。

　　他感到十分奇怪，既然環境和食物都相同，何以差別如此之大？為了能解開其中的謎底，動物學家和當地動物保護協會進行了一項實驗：在兩岸分別捉10隻羚羊送到對岸生活。結果送到西岸的羚羊發展到14隻，而送到東岸的羚羊只剩下了3隻，另外7隻被狼吃掉了。

　　謎底終於被揭開，原來東岸的羚羊之所以身體強健，只因為牠們附近居住著一群狼，這使羚羊每天處在一種「競爭氛圍」中。為了生存下去，牠們變得越來越有「戰鬥力」。而西岸的羚羊之所以體質較差，恰恰就是因為缺少天敵，沒有生存壓力。

　　上述現象對我們不無啟迪，生活中出現一個對手、引起爭論或一些批評，的確並不是壞事。據一份研究資料報導：一年中不曾罹患過感冒的人，得癌症的機率是常患感冒者的六倍。至於俗語：「蚌病生珍」，則更說明了問題。一粒沙子嵌入蚌的體內後，牠將分泌出珍珠質將沙粒包裹住，時間一長，便逐漸形成一顆晶瑩的珍珠。

　　沒有對手，生存就這樣失去戰鬥力，也就沒有任何意義了。同樣地，沒有批評意見的存在，就不能使智者免於千慮一失之憂，使

明者察己於秋毫，使勝者力戒驕縱之弊。所以從某種意義上來說，批評意見對做正確決策的作用最大，因為批評可以使我們頭腦更清醒，更加重視那些容易忽視的問題，有利於把工作做得更好。

若是批評者送你的「藥」總是周全地包上糖衣，不苦不澀，婉轉和悅地令人如沐春風，如灑皎月。對這類批評，需要沉靜地去仔細品味、去捕捉。若是嚐到甜味就得意，將會把裹於其中的中肯批評給忽略、丟失掉。粗心地把藥當糖來消受，則會受到莫大損失。

批評者總是站在某一個角度，從某一方面看問題，為你指點迷津。不能求全於批評者，而當苛求於自身。倘若能虛心而全面地去綜合剖析批評，清醒地消化批評，淘沙取金，必會受用無窮。當然，聽不進批評，不會有大進步，不能正確理解批評，同樣不會有進步。

當別人批評我們時，如果我們有一顆寬容的心，就能夠心平氣和地審視自己。於是你就會發現，別人的批評其實是一片好心。如果我們總以敵視的眼光看待別人，對周圍的人戒備森嚴，心胸狹窄，處處提防，最終將會因孤獨而陷入憂鬱和痛苦之中。

·10·

用一顆寬容的心為失敗者「療傷」

失敗者也是失意者，他們需要我們的撫慰、鼓勵和幫助。我們需要做的不是指責，而是多給予他們一些掌聲，用一顆更寬容的心幫助他們「療傷」，讓他們早日從陰影中走出。

成功者得到的是鮮花和讚揚，失敗者得到的是冷落甚至嘲諷。人們往往只看到成功者的貢獻，卻忽視了失敗者的貢獻——為自己和後人鋪設了一條通向成功的道路。對於失敗者，我們往往是冷落甚至於指責。為什不能多一些寬容與理解呢？

大文學家魯迅曾說：「第一個吃螃蟹的人是很令人佩服的，不是勇士誰敢吃牠呢？螃蟹有人吃，蜘蛛一定也有人吃過，不過不好吃，所以後人不吃了。像這種人我們當極為感激。」

是的，第一個吃螃蟹的人和第一個吃蜘蛛的人，或許都抱著為人類尋找一種前所未有的、美味可口的食品的信條，冒著生命危險品嚐了牠們。因為螃蟹和蜘蛛的樣子醜惡，很可能有毒。螃蟹好吃，他成功了，人們稱之為勇士。蜘蛛不好吃，後者失敗了，但是，他的嘗試為後人和自己的成功添了重要的一筆，他可以另闢蹊徑，如果蜘蛛有毒，他獻出了生命，那麼他用自己的生命換回了後來者的生命，人們更加感激他。

當然，我所讚揚的失敗者是和成功者一樣經過了一番艱苦努力後而失敗的人，絕不是那種因投機而一敗塗地者。這些應受到讚揚

的失敗者在面臨失敗時從不哀歎、怨天尤人，而是繼續向成功之路邁步。

　　失敗者也是失意者，他們需要我們的撫慰、鼓勵和幫助。我們需要做的不是指責，而是多給他們一些掌聲，用一顆更寬容的心幫助他們「療傷」，讓他們早日從陰影中走出。

·11·

豁達開朗的人更容易被他人所接受

> 沒有豁達就沒有寬容。無論你取得多好的成績，無論你爬過多高的山，無論你有多少閒暇，無論你有多少美好的目標，沒有寬容之心，你的內心仍然會遭受煎熬。

　　豁達是一種博大的胸懷、超然灑脫的態度，也是人性最高的境界之一。一般說來，豁達的人能夠對他人不同的看法、思想、言論、行為以至他們的宗教信仰、種族觀念等都加以理解和尊重，不輕易把自己認為「正確」或者「錯誤」的東西強加在他人身上。他們也有不同意別人的觀點或做法的時候，但他們會尊重別人的選擇，給予別人自由思考和生存的權利。有時候，往往是寬容導致自由。胡適先生曾經說過：「如果大家希望享有自由的話，每個人均應採取兩種態度：在道德方面，大家都應具備謙虛的美德，每人都必須持有自己的看法，不一定是對的態度；在心理方面，每人都應具有開闊的胸襟與兼容並蓄的雅量來寬容與自己不同甚至相反的意見。」換句話說，採取了這兩種態度後，你就會容忍他人的意見，他人也會容忍你的意見，這樣大家便都享有自由了。

　　當然，豁達並非等於無限度地容忍別人，並不等於對已構成危害的犯罪行為加以接受或姑息。但對於個人而言，豁達往往會營造出更好的人際關係，自己在心理上也會減少仇恨和不健康的情感；對於一個群體而言，豁達寬容無疑是創造一種和諧氣氛的調節劑，

是建立良好人際關係的一大法寶，同時也是一個人完善個性的展現。

唐高宗時期有位吏部尚書叫裴行儉，家裡有一匹皇帝御賜的好馬和馬鞍。有一次，他的部下私自偷騎這匹馬，不僅讓馬摔了一跤，還摔壞了馬鞍，這位部下非常害怕，因此連夜逃走了。裴行儉叫人把他找了回來，並且沒有因此而責怪他。

從上述寬容的例子中，我們可以得知，受損的一方並沒有因自己的損失和難堪而大發雷霆、懷恨在心。反而表現出寬宏大量、豁達開朗、毫不計較的美德和風度。結果不僅沒有受到更多的損失、得到更多的難堪，反而在不知不覺中平息了糾紛，博得了別人的讚賞。

美國有位作家曾說：「沒有豁達就沒有寬容。」無論你取得多好的成績，無論你爬過多高的山，無論你有多少閒暇，無論你有多少美好的目標，沒有寬容之心，你的內心仍然會遭受煎熬。」

一個人只有豁達、開朗、寬容才能接受別人，善於與他人相處，能承認他人存在的意義和作用，他也才能被他人所理解和接受，為集體所接納，才能與別人互相溝通、交往，人際關係才會協調，才能與集體成員融為一體。合群的人常常能夠與朋友共享歡樂，表現出的積極態度總是多於消極的情感；即使在單獨一人時也能安然處之，無孤獨之感。因為這種具有積極情感的人會感受到自己存在的價值，能夠對自己的能力、個性、情感、長處和不足做出恰當客觀的評價，不會對自己提出苛刻的、不切實際的要求，能恰如其分地確立自己的奮鬥目標和做人的原則，努力發展自身的潛能，並不迴避和否認自己的缺陷，盡量用自己的樂觀情緒去感染別人，正是這些特點，才贏得大家的喜愛和認同。

N

·12·

寬容別人就是善待自己

> 一個人是否有寬容的心態，決定著他是否有廣闊的前途。然而，低調本身就是一種寬容的心態。低調的人都會有一顆寬容的心，它可以化解無數的衝突與糾紛。低調的人不與別人斤斤計較，更不與人爭強鬥狠。

　　一個人是否有寬容的心態，決定著他是否有廣闊的前途。然而，低調本身就是一種寬容的心態。低調的人都會有一顆寬容之心，它可以化解無數的衝突與糾紛。低調的人不與別人斤斤計較，更不與人爭強鬥狠。

　　俗話說：「宰相肚裡能撐船」。的確如此，一個人肚量的大小，在一定程度上正決定著他前途的大小。一個人的心態能包容下一個人，他就能控制一個人；能包容下兩個人，他就能控制兩個人；能包容下一家公司、一個地區，那麼，他就能管理一家公司、一個地區。

　　有這樣一個小故事：一位老人坐在一條小鎮郊外的馬路邊。有一位陌生人開車來到老人面前。陌生人下車問老人：「老先生，請問你覺得住在這個小鎮上的人怎麼樣？我正打算搬來住呢。」老人看了一下陌生人，反問道：「你原來住的地方的人怎麼樣？」陌生人回答：「不好，都是些不正經、亂七八糟的人。我住在那裡沒有

絲毫快樂可言，因此我打算搬到這兒來住。」老人嘆了一口氣後，說：「先生，那麼我恐怕你要失望了，因為這個鎮上的人也和你現在的鄰居差不多。」那位陌生人走了，繼續去尋找他理想的居住地。

　　過了一會兒，另一位陌生人來到老人面前，詢問同樣的問題。老人也同樣反問他。陌生人回答說：「哦！住在那裡的都是非常好的人，我在那裡度過了一段美好的時光，但我正在尋找一個更有利於我的工作發展的小鎮。我捨不得離開我原來住的地方，但我不得不尋找更好的發展前途。」老人面露笑容，說：「你很幸運。居住在這裡的人都跟你原來住的地方的人一樣好，你將會喜歡他們，他們也會喜歡你的。」

　　這個故事告訴我們，你想尋找敵人，你就會找到敵人；你想尋找朋友，你也就會找到朋友。沒有寬容心態的人，到了哪裡，都會認為別人難以相處；有寬容之心的人，見到任何人，都會相處融洽。

　　低調的人相信：退一步海闊天空。寬容別人就是善待自己，苛求別人就是為難自己。永保一顆寬容之心，是低調之人獨特的品格與魅力。

·14·

以德報怨是一種無上的寬容

以德報怨是一種君子之風，以德報怨是一種大器度，以德報怨是一種無上的寬容。如果我們能做到這一點，就能顯示出自己的肚量。一個人的肚量越大，就越能得到別人的敬服。

佛說：「如果有人對我們做壞事、說壞話，我們亦同樣對他做壞事、說壞話，結果雙方都是壞人；所以要用好的方法、好的行為、好的話去對待他，自然會叫他心服，其他人亦稱讚我們。」

世間人是冤冤相報，佛法是以德報怨，你以怨對我，我以德對你。冤冤相報是凡夫，是造輪迴業。真正覺悟之人，對毀謗、侮辱、陷害他的人，甚至於殺害他的人，都沒有絲毫怨恨之心，反而更加慈悲地去愛護他、幫助他。感化一個人，就等於度化了一個人。

過去，有一位國王帶領許多妃嬪、宮女到郊外遊獵。途中，國王追逐野兔走遠了，妃嬪們於是在樹林中等候。此時她們看到一位修道者正在林中沉思，於是向他請教。國王回來後，卻十分生氣地責備她們與陌生人說話。

「我不過是指導她們學習忍辱的精神而已。」修道人安詳地回答。

「你自命為能忍辱的人嗎？那我倒要試試你忍辱的修養。」說

著，他揮劍將修道者的手臂砍斷。

「現在，你該覺得憤恨了吧！」國王得意地說。

修道者雖然痛苦，仍然和緩地看著他，回答：「我不憤恨。懷恨只有冤冤相報。將來我成道後，一定要來度化你，以了結這段業緣。」

容忍與寬恕在他的神態中表露無遺。國王感動極了，跪在地上，深深懺悔。

修道者以德報怨的精神充分完成忍辱的修養。這位忍辱的修道人正是佛陀釋迦牟尼的前生。

從以上故事中我們不難看出，佛教的以德報怨是要有忍辱功夫的，而佛家推崇的忍辱是一種堅強的忍耐力，不但可以成就世間的大事業，就是塵世間的一切善法也無不靠它完成。所以佛陀曾經教誡弟子們說：「世間最有力者為能行忍辱之人。」因此，忍辱絕不是屈服於惡勢力之下的懦夫行為，更不是含恨於心而不敢怒形於色的無力反抗，佛教的忍辱是以慈悲心為基礎，透過了緣起的真理，是不懷怨恨，不存報復，進而感化和度化對方，也就是以德報怨。

我曾聽一位法師說過，以德報怨是用心第一法，以德報怨是君子之風，以德報怨是器度的表現。我們能以德報怨地對別人，就愈能顯示自己的肚量；一個人的肚量有多大，就能涵容多少人。就如天地虛空，因為無所不包、無所不容，所以能廣大無垠。因此，我們要如天地般，能包容各式各樣的人，能親疏平等，能與萬物共存，則能虛懷若谷、意暢舒懷。所以，以德報怨是用心第一法，以德報怨是化解怨仇的優先選項，因為冤冤相報無了期。

在儒釋道這中國文化的三大主脈中，佛家和道家都宣導以德報怨，老子在《道德經》中就有「報怨以德」的理念，雖然其意義與佛家的不盡相同。然而以德報怨終究並非一般人能輕易做到，一如馬太福音中耶穌所說：「不要與惡人作對。有人打你的右臉，連左

臉也轉過去讓他打。」但我們至少要能夠做到不要揮拳打回去，做到孔子所說的「以直報怨」，甚者如果可能，我們應將他人的這種羞辱欺侮理解為一種考驗，考驗我們內心中真正屬於萬物之靈的那份上天所賜與的善性，如此一來我們或許就不會那麼憤怒了。

第三章

寬容是一種非凡
的器度

——能容人處且容人，包容
接納胸懷廣

·1·

寬容是一種精神成熟、心靈豐盈的境界

寬容是高情商者的一種器度、一種胸襟、一種修養。寬容別人的過失，就意味著給別人醒悟的時間和悔悟的機會。寬容能融洽氣氛，交流情感，活躍思想，從而獲得真話、真知、真情。

寬容是高情商者的一種非凡器度和胸懷，是對人對事的包容、理解和接納，是一種精神成熟、心靈豐盈的境界。

1863年1月8日，恩格斯懷著十分悲痛的心情，把妻子病逝的消息寫信告訴了馬克思。過了兩天，他收到了馬克思的回信。信的開頭寫道：「關於瑪麗的噩耗使我感到極為意外，也極為震驚。」接著，筆鋒一轉，就說自己陷於怎樣的困境。之後，也沒有什麼安慰的話。「太不像話了！這種冷冰冰的態度，哪像20年的老朋友！」恩格斯看完信後，越想越生氣。過了幾天，他寫給馬克思一封信，發了一頓脾氣，最後乾脆寫上：「那就請便吧！」

20年的友誼就這樣產生了裂痕！看了恩格斯的信後，馬克思的心裡像壓了一塊大石頭般沉重。他感到自己寫的那封信是個極大的錯誤，而此刻卻又不是能馬上解釋清楚的時候。過了10天，他想老朋友多少「冷靜」了一些，就寫信向恩格斯認錯，解釋了情況，表

白了自己的心情。

　　坦率和真誠使友誼的裂痕弭平了。恩格斯在接到馬克思來信後，寬容了馬克思的過失，並以歡快的心情立即回了信。他在信中說：「你最近的這封信已經把前一封信所留下的印象消除了，而令我感到高興的是，我沒有在失去瑪麗的同時再失去自己最老的和最好的朋友。」恩格斯不可謂不是一個擁有寬容大度的胸懷的高情商者。

　　寬容是一種大度，寬容是一種豁達；寬容能夠容納萬物，寬容能夠包涵太虛。法國著名作家雨果曾經說過這樣一句話：「世界上最寬闊的是海洋，比海洋更寬闊的是天空，比天空更寬闊的是人的胸懷。」心曠為福之門，心狹為禍之根。高情商者心胸坦蕩，不以世俗榮辱為念，不為世俗榮辱所累，活得輕鬆、瀟灑、磊落；低情商者心胸狹隘，一事不順，便心存憎恨，因一句話不順，就耿耿於懷。心靈上栽滿荊棘，思想上遮滿雲霧，整日憂鬱，常年憂慮，這無異於自戕自害。

　　寬容，表明你有大海般的胸懷、藍天般的度量；表明你能大度虛心、虛懷若谷。一切的偏見、仇恨，所有的懷疑、猜忌，皆是造就自己的涓涓細流；一切的困難挫折，所有的雷電風雨，皆是蓄積自己搏擊長空的動力。

　　寬容，更是一種智慧。高情商者懂得寬容。他總是使一些猜忌和誤會消弭於無形，由此避免許多無謂的衝突和不良的後果。他能使自己心性平靜、神色安逸。因為他不會因為自己的個人得失而心潮起伏，也不會因為蠅頭小利而斤斤計較，更不會為了雞毛蒜皮之事而爭得你死我活、臉紅脖子粗。因為他目光遠大，心胸開闊，明於事理，勇於開拓，他追求的是永恆的春天、快樂的人生。

　　生活中，如果沒有寬容，會使人處處碰壁，寸步難行。沒有寬容，會使人像過街老鼠般處處挨打。因為人不能獨自生存，需要和

許多人打交道，因此不可能一切都隨心所欲。境隨心轉，不可能讓整個世界都隨著你，順著你。因此我們要學會寬容，要用寬闊的心胸去包容一切違逆和挫折，更要以寬闊的心胸去理解他人的誤會和偏見。如果你寬容他人，你也會得到他人的寬容。胸襟豁達，適度的寬恕容人，對於改善人際關係和身心健康都是大有裨益的。

事實證明，不能寬恕容人，亦必然殃及自身。苛求別人或苛求自己的低情商者，必定處於情緒緊張、心理不平衡的精神狀態之中，內心的矛盾衝突或情緒危機也就難以解脫，會有害身心健康。可以說，寬容也是一種良好的心理素質，與膽小怕事及無原則是截然不同的。一個人能從大處著眼，暫時拋棄個人的利益，這恰恰是「心胸天地闊」、思想境界較高的表現，是人際交往中的積極因素。「人無完人」，任何人都不可能沒有缺點，人的一生是不斷自我完善的過程。別人有些過失，若能予以正視，就可以採用適當的方法、善意的寬容，使之避免犯錯。自己有了過失，亦不必心灰意冷，一蹶不振，同樣也應寬恕與接納自己，並努力從中吸取教訓。

寬容，對人對己都可成為一種最高尚的精神援助。寬容不僅有益於身心健康，而且對贏得友誼、保持家庭和睦、婚姻美滿，乃至事業的成功，都頗有必要。

·2·

寬厚待人，可以使自己的胸懷更寬闊

德國哲學家叔本華說：「如果有可能，人不應該對任何人有怨恨的心理。」欲成大事者就應該具備這種心態，用這種心態來確立人生中的大事業。

人有寬容之心是品格高尚的表現，這一點毋庸置疑，但見到別人做了不好的事，卻替他掩飾，這似乎就與人們慣用的處世原則相牴觸了。但明人呂坤卻認為這樣寬厚地待人，可以使自己胸懷寬闊。自然有人懷疑呂坤這種說法，但這種說法卻是做人的一種大智慧。

在與人交往中，我們需要做的是安慰別人，而不是標榜自己。為了能夠讓別人快樂，自己忍受一些誤解，又有什麼關係呢？

美國人麥當斯講了自己的一個親身經歷：

上星期六，我去紐約購買耶誕節禮物和大學專業課本時鬧了一個笑話。那天我是乘早班車去紐約的，中午剛過就已把要買的東西都買好。我不怎麼喜歡待在紐約，太嘈雜，交通也太擁擠，此外那天晚上我已經做好了安排，於是便搭乘計程車去車站。不巧碰上交通堵塞，等我到火車站時，火車剛開走，只好待上一個小時等下一班車。我買了一份報紙，漫步走進車站的餐廳。在一天的這個時候餐廳裡幾乎空無一人，我買了一杯咖啡和一包餅乾。因為空座位很

多，我便找了一個靠窗戶的位置，坐下來開始做報紙上登載的填字遊戲。我覺得做這種遊戲很有趣。

過了幾分鐘，來了一個人坐在我對面，這個人除了個子很高外沒有其他特別的地方，可以說他樣子很像一個典型的城市生意人。我沒有說話，繼續邊喝咖啡邊做我的填字遊戲。突然他伸過手來，打開餅乾包，拿了一塊在他咖啡裡蘸了一下就送進嘴裡。我簡直難以相信自己的眼睛！我吃驚得說不出話來。不過我也不想大驚小怪，於是決定不予理會。我總是盡量避免惹麻煩。我也就拿了一塊餅乾，喝了一口咖啡，再回頭做我的填字遊戲。

這人拿第二塊餅乾時我既沒抬頭也沒吭聲。我假裝對遊戲特別感興趣，過了幾分鐘後我不在意地伸出手，拿走最後一塊餅乾，這時我不小心瞥了這人一眼，看到他正對我怒目而視。我有點緊張地把餅乾放進嘴裡，決定離開，正當我準備站起身離開時，那人突然用力把椅子往後一推，站起來走了。我感到如釋重負，準備待兩三分鐘後再走。我喝完咖啡，摺好報紙。這時，我突然發現就在桌上，原來放報紙的地方擺著我的那包餅乾。同時，讓我想起了那雙怒視的眼神和一顆寬容的心。

做人原來是很簡單的事情，互相猜疑、猜忌把原來簡單明瞭的問題變得複雜，而稍有一點寬厚之心就可緩解人與人之間的矛盾，又何樂而不為呢？

·3·

能夠容人之過的人，必能受人歡迎

俗話說：「金無足赤，人無完人。」每個人都會偶有過失，因此每個人都有需要別人原諒的時候。謙讓寬容是一種修養、一種器度、一種德行，更是一種處世的學問。如果我們都具有這種寬容忍讓的心態，我們與他人之間的關係就會變得更加和諧美好。

在現實生活中，有一些人總為了一些雞毛蒜皮的小事爭得面紅耳赤，以致大打出手，造成很嚴重的後果。事後靜下心來想想，當時若能忍讓三分，自會風平浪靜，相安無事，小事化無。事實上，有理的人有時越是表現得謙讓，越能顯示出他胸襟坦蕩，富有修養，反而更能讓他人欽佩。

漢朝時有一個人叫劉寬，為人寬厚仁慈。他在南陽當太守時，小吏、老百姓做錯了事，他只是讓差役用蒲鞭責打，表示羞辱，此舉深得人心。

劉寬的夫人為了試探他是否像人們所說的那樣仁厚，便讓婢女在他和屬下一起辦公的時候，裝作不小心的樣子把肉湯潑在他的官服上。要是一般的人，必定會把婢女責打一頓，即使不如此，至少也要怒斥一番。而劉寬不僅沒發脾氣，反而問婢女：「肉羹有沒有燙到你的手？」由此足見劉寬為人之器量確實超乎常人。

　　還有一次，有人錯認了他駕車的牛，硬說為劉寬駕車的牛是他的。這事要是換了別人，不將那人拿到官府治罪，也要狠揍他一頓，可劉寬什麼也沒說，叫車夫把牛解下交給那個人後，自己步行回家。後來，那人找到了自己的牛，便把牛還給了劉寬，並向他賠禮道歉，而劉寬非但沒責備那人，反而好言安慰了他一番。

　　這就是有理讓三分的做法。劉寬的器量可謂不小，他感化了人心，也贏得了人心。

　　人人都有自尊心和好勝心，在生活中，對一些非原則性的問題，我們為什麼不顯示出自己比他人更有容人的雅量呢？

　　俗話說：「金無足赤，人無完人。」每個人都會偶有過失，因此每個人都有需要別人原諒的時候。但是，人們對待自己的過錯往往不如看待他人的那樣嚴重。這大概是因為我們對自己犯錯的背景原因了解得很清楚，而對於他人過錯造成的原因卻不太清楚，因此對自己的過錯就比較容易原諒，而常把注意力集中在他人的過錯上。即使有時不得不正視自己的錯誤，也總覺得是可以寬恕的。可見，無論我們自己是好是壞，我們總是能夠容忍自己。

　　然而，輪到我們評判他人時，情形就不一樣了。我們會用另外一種眼光百般挑剔地去發現他們的錯誤。例如：假使我們發現他人說謊，我們將會嚴厲地譴責對方的不誠實，可是誰又敢保證自己從來都沒說過一次謊呢？

　　的確，在與他人相處的過程中，人們常常會因為對事物的理解及價值觀念的差異而產生矛盾或衝突，此時我們應記住一位哲人的話：「航行中有一條規律可循，操縱靈敏的船隻應該給較不靈敏的船隻讓道。」

　　因此，做一個肯理解、容納他人優點和缺點的人，才會受到他人的歡迎。相反地，那些對人吹毛求疵，沒完沒了地又是批評又是說教的人，是不會擁有親密的朋友的，也不會受人擁戴。

謙讓寬容是一種修養、一種器度、一種德行，更是一種處世的學問。如果我們都具有這種寬容忍讓的心態，我們與他人之間的關係就會變得更加和諧美好。

·4·

指責與寬容是愚人與智者的兩種
處世哲學

一味地指責別人是不明智的行為，有時可能會讓對方與你為敵，甚至你還要為此付出沉重的代價。與其指責，不如寬容，這樣更能讓你贏得人脈。

　　挖苦、指責別人，並不能提高自己，反而會顯出自己的低劣。我們應該明白，看別人不順眼，首先是自己修養不夠。一味地指責別人是不明智的行為，有時甚至可能讓對方與你為敵，讓你為此付出沉重的代價。有的人只相信自己，不相信別人，讓人敬而遠之；有的人總喜歡嚴厲地責備他人，使對方產生怨恨，不知不覺中使彼此的溝通難以進行，事情也辦得一團糟。成功人說，只有不夠聰明的人才批評、指責和抱怨別人。聰明的人則會多一些寬容與理解，少一些指責與埋怨！

　　檢討一下我們自己，我們是不是也有這種喜歡責備別人的毛病？吩咐下去的一件工作沒有做好，我們很可能不是積極地去幫下屬尋找原因、研究對策，而是指責下屬：「你怎麼做的？怎麼這麼笨？」這時，你有沒有想過下屬會有什麼反應？他可能什麼也不說，但在內心卻會覺得你不近人情，從而怨恨你。這樣一來，很可能在今後與他相處時，你總會感到有隔閡，可想而知要取得效益是

絕不可能的。

有一則幽默的小故事：

這天丈夫回到家，發現屋裡亂七八糟，到處是亂扔的玩具和衣服，廚房裡堆滿碗盤，桌上都是灰塵……他覺得很奇怪，就問妻子：「發生什麼事了？」妻子回答：「平日你一回到家，就皺著眉頭問我：『一整天你都做了什麼？』所以今天我就什麼也沒做。」

不將事情瞭解清楚就對別人橫加指責，實在不是一種好習慣。在傷害別人的同時也會傷害你自己，別人不舒服你也不會舒服。

1863年7月，蓋茲堡戰役展開。敵方陷入了絕境，林肯下令給米堤將軍，要他立刻迎擊敵軍，但米堤將軍始終猶豫不決，用盡各種藉口拒絕出擊，導致敵軍順利逃跑了。林肯勃然大怒，坐下來寫了一封信給米堤將軍，表達了他的極端不滿。但出人意料的是，這封信林肯並沒有寄出去。在他死後，人們才在一堆文件中發現了這封信。

也許林肯設身處地地想過米堤將軍當時為什麼沒有執行命令，也許他想到了米堤將軍見到信後可能產生的反應，米堤可能會與他辯論，也可能會在氣憤之下離開軍隊。木已成舟，把信寄出，除了使自己一時痛快外，還有什麼作用呢？

我們之所以喜歡責備他人，常常是為了表現自己的高明。有時，也有推卸責任的目的。古人云：「但責己，不責人」就是要我們謙虛一些，嚴格要求自己一些，這對自己只有好處，絕無壞處。

在你想責備別人時，請馬上閉緊自己的嘴，對自己說：「看，壞毛病又來了！」這樣，你就可以逐漸改掉喜歡責備人的壞習慣。

民間有句俗語：「在你沒有打掃乾淨自己的屋子前，不要去責

怪鄰居家的屋頂上有積雪」。做了錯事只知道指責別人,而不會反思自己,這是人們的弱點。因此,當你想要批評別人時,首先學會換位思考,我們所要指責的人常常會為自己辯護,並反過來指責我們。

·5·

領導者付出一份寬容，會收穫
十份忠心

寬容，對於一般人來說尚且重要，對居於上位的領導者來說，更是一種絕對必須具備的素質。假如領導者能夠做到對下屬的過錯既往不咎的話，他的寬容就會贏得下屬百倍、千倍的忠誠。

　　如果說，寬容對於一般人來說非常重要的話，那對居於上位的領導者來說，就更應該是一種絕對必須具備的素質。在中國歷史上，有許多「寬則得眾」的著名典故和故事，如楚莊王絕纓盡歡、漢高祖重用陳平、曹操下《求賢令》、宋太祖寬恕受賄的宰相趙普等等，不一而足。

　　北宋時的韓琦曾同范仲淹一起推行新政，歷任三朝，長期擔任宰相職位。韓琦在定武統率部隊時，夜間伏案辦公，一名拿著蠟燭為他照明的侍衛一不小心走神，蠟燭燒著了韓琦鬢角的頭髮，韓琦沒說什麼，只是急忙用袖子蹭了蹭，又低頭寫字。過了一會兒回頭，發現拿蠟燭的侍衛換人了，韓琦怕侍衛長鞭打那個侍衛，趕緊把他們找來，當著他們的面說：「不要替換他，因為他已經懂得如何拿蠟燭了。」軍中的將士們知道此事後，無不感動佩服。

按理說，侍衛當值拿蠟燭照明時不全神貫注，燒了統帥的頭髮，本身就已經失職，韓琦責備一句也是應該的，即使不責備，痛呼一聲也理所當然。可韓琦不但忍著疼沒出聲，還怕侍衛受到鞭打責罰，極力替其開脫。他這種容忍迴護比批評和責罰更能讓士兵改正缺點、盡職盡責，而韓琦統率的是一個大部隊，事情雖小，影響卻大，上上下下一知曉，誰不願意為這樣的統帥賣命呢？

作為一個領導者，要具備「不計前嫌、寬以待人」的品格，不要用勢利眼和有色眼鏡看人、看社會。也不能因外界或個人情緒的影響，對人對事表現得時冷時熱。在實際生活中，絕大多數人都願意接觸與自己愛好相似、脾氣相投的人，這在無形中也就可能冷落了其他一些人。因此，領導者應該克制自己的喜惡，增加與自己性格愛好不同的人的交往，尤其對那些曾反對過自己的人，更需要經常與他們交流，防止造成不必要的誤會與隔閡。

作為上級，只有和下屬關係良好，贏得下屬的擁戴，才能鼓勵下屬的積極性，從而促使他們盡心盡力地工作。俗話說：「將心比心。」你想要別人如何對待你，你就要先如何對待別人，只有先付出愛和真情，才有可能收到同等的對待。因此，付出一份寬容，收穫十份真誠，當領導者用寬容之心對待下屬時，就能激發下屬的潛能，並贏得下屬的忠心和擁護。

此外，上司和下屬之間也很容易產生誤解，形成隔閡。一個有謀略的政治家，常常能巧妙地處理誤解，顯示自己用人不疑的器度，使得疑人不自疑，更加忠心地效力於自己。

中國古代有一個故事，說的是一位大將軍率兵征討外虜，得勝回朝後，國君卻沒有給予許多賞賜，只交給他一個盒子。大將軍原以為是非常值錢的珠寶，可回家打開一看，卻是許多大臣寫給國君的奏章與信件。

原來大將軍在率兵出征期間，國內有許多仇家便誣告他擁兵

自重，企圖造反。戰爭期間，大將軍與敵軍僵持不下，國君曾下令退軍，可大將軍並未從命，而是堅持戰鬥，終於大獲全勝。在這期間，各種攻擊大將軍的奏章更是如雪片般飛來，但國君始終不為所動，將所有攻擊大將軍的奏章束之高閣，等大將軍回師，一起交給了他。大將軍深受感動，他明白：國君的信任，比任何財寶都要貴重百倍。

這位令後人稱讚的國君便是戰國時期的魏文侯，大將軍則是魏國名將樂羊。

說是不疑，其實還是有疑的，有哪個君主會對臣下真的信任不疑呢？尤其像樂羊這樣位高權重的大臣，更是國君懷疑的重點對象。他對告密信的處理，只是做出一種姿態，表示不疑罷了，而真正的目的，還是給大臣一個暗示：我已經注意你了，你不要輕舉妄動。既是拉攏，又是震懾，一箭雙雕，手腕可謂高明。

然而，要真做到疑人不用、用人不疑也不是件容易的事。一般的人才，都非等閒之輩，能力與野心是同在的，也很容易受到上司的懷疑。假如你以一顆寬容之心對待下屬，反而會化解他們的野心。寬容是一個人品格、修養、氣質的外在表現，對領導者而言則能展現其領導藝術、領導智慧和人格魅力，更可以增強其親和力和感召力，有利於正確決策，更有利於所領導團體的和諧！

·6·

使犯錯者改過，寬恕比批評更有效

生活中，我們應當盡力避免批評別人，批評只會引起憤恨。如果別人確實做錯了事，或傷害了你，你也應該大度一點，用理解和寬恕代替批評、指責，這樣做不但可以使犯錯者改過，更重要的是可以維持和諧的人際關係。

　　生活中，我們應當盡力避免批評別人，批評只會引起憤恨。如果別人確實做錯了事，或傷害了你，你也應該大度一點，用理解和寬恕代替批評、指責，這樣做不但可以使犯錯者改過，更重要的是可以維持和諧的人際關係。

　　人類處世的天性，就是做錯事時只願意責備別人，絕不責備自己。我們都是如此。我們要明白批評就像是家鴿，最後總會回家。我們需明瞭若我們去譴責一個人，他必定為他自己辯護，並反過來譴責我們。

　　漢斯·希爾是一位著名的心理學家，他說：「太多的證據顯示，我們都不喜歡受人指責。」

　　許多事實證明：因批評引起的憤恨，常常會使員工、家人和朋友情緒低落、做事沒有精神。而對於應該改進的狀況，卻沒有絲毫作用。所以，明天當你我要批評、譴責別人以期望人改過時，讓我們記住以下這個發人深省的例子。

一位社交界的名人——戴爾夫人，來自長島的花園城。戴爾夫人說：「最近，我請了幾個朋友吃午飯，這種場合對我來說很重要。當然，我希望賓主盡歡。我的總招待艾米，一向是我的得力助手，但這一次卻讓我很失望。午宴很失敗，我到處都看不到艾米，他只派了一個侍者來招待我們。這位侍者對第一流的服務一點概念也沒有。每次上菜，他都是最後才端給我的主客。有一次，他竟在很大的盤子裡上了一道極少的芹菜，肉沒有燉爛，馬鈴薯也十分油膩，實在糟透了。我感到十分憤怒，卻只能強顏歡笑盡力掩飾，我不斷對自己說：『等我見到艾米再說吧，我一定要嚴厲地教訓他一頓。』這頓午餐是在星期三。第二天晚上，聽了為人處世的一課，我才發覺：即使我教訓艾米一頓也無濟於事。他會變得不高興，跟我作對，反而會使我失去他的幫助。我試著從他的立場來看這件事：菜不是他買的，料理也不是他做的，他的一些屬下太笨，他也沒有辦法。同時也許我的要求也太嚴厲，火氣太大了。所以我不但不準備苛責他，反而決定以一種友善的方式作為開場白，以誇獎來開導他。這個方法很有效。第三天，我見到了艾米，他帶著一臉防衛的神色，嚴陣以待。我說：『聽我說，艾米，我要你知道，當我宴客的時候，我非常希望你能在場，因為那對我而言非常重要！你是紐約最好的招待。當然，我很諒解：菜不是你買的，料理也不是你做的。星期三發生的事你也沒有辦法控制。』我說完這些，艾米的神情就開始變得放鬆了。」

　　「艾米微笑地說：『的確，夫人，問題出在廚房，並不完全是我的錯。』

　　我繼續說道：『艾米，我又安排了其他的宴會，我需要你的建議。你是否認為我們應該再給廚房一次機會呢？』

　　『當然，夫人，我保證上次的情形不會再發生了！』」

　　「下一個星期，我再度邀請人參加午宴。艾米和我一起計畫，他主動提出把服務費減收一半。當我和賓客到達的時候，餐桌上被

兩打美國玫瑰裝扮得華麗又高雅，艾米親自在場照應。即使我款待皇后，服務也不會比那次更周到。食物精美，服務完美無缺，飯菜由四位侍者端上來，而不是一位，最後，艾米親自端上可口的甜美點心作為結束。」

「散席的時候，我的主客問我：『你對招待施了什麼法術？我從來沒見過這麼周到的服務。』

她說對了。我對艾米施行了友善和誠意的法術。」

由此可知，有時寬容與理解，遠比憤怒和責備更能改變對方，唯有太陽般的寬和溫暖才能令人脫下自我防備的外衣，真誠的改進自己的錯誤，北風般的嚴酷與責罵只能讓人披起自我防備的盔甲，與我們爭執，而對於應該改進的狀況，卻沒有絲毫作用。。

·7·

不為私怨所惑，能容人才能締造輝煌

不走極端，有器度，可以使自己贏得別人的信任，也可以使自己不受一時得失的影響，保持對人對事正確的判斷。領導者用人尤其要如此，你有容人之量，別人才會與你共同進退。

人們常說：「將軍頭上能跑馬，宰相肚裡可撐船。」一個人的器度可以決定他做事的風格，領導者的器度決定他用人的風格。我們在工作和生活中，要不斷地和人打交道，不論是朋友還是同事，或者是客戶和競爭對手，每個人都有著自己的個性、愛好和生活方式，生長環境不同，受的教育程度不同，生活習慣也不相同，不可能所有人的行事都能隨順我們的心意。如果因為看不慣哪個人，就與他斷絕一切來往，那用不了多久就會變成孤家寡人。

領導者用人更是如此，你有容人之量，別人才會與你共同進退。

春秋時期齊國國君齊襄公被殺。襄公有兩個兄弟，一個叫公子糾，當時在魯國；一個叫公子小白，當時在莒國。兩個人身邊都有個師傅，公子糾的師傅叫管仲，公子小白的師傅叫鮑叔牙。兩位公子聽到齊襄公被殺的消息，都急著要回齊國爭奪王位。在公子小白回齊國的路上，管仲早已埋伏在一旁攔截他。只見管仲挽弓搭箭，對準小白射去，小白大叫一聲後，倒在車裡。

　　管仲以為小白已死，就不慌不忙護送公子糾回齊國。誰知公子小白是詐死，等到公子糾和管仲進入齊國國境時，公子小白和鮑叔牙早已抄小道搶先回到了國都臨淄，當上了齊國國君，即齊桓公。

　　齊桓公即位以後，即下令要殺公子糾，並將管仲送回齊國治罪，但鮑叔牙卻勸齊桓公任管仲為相。

　　齊桓公氣憤地說：「管仲拿箭射我，要我的命，我怎麼能用他！」

　　鮑叔牙說：「那時他是公子糾的師傅，他用箭射您，正是他對公子糾的忠心。論本領，他比我強得多。主公如果要做一番大事業，非用管仲不可。」

　　齊桓公也是個豁達大度的人，聽了鮑叔牙的話後，不但不治管仲的罪，還立刻任命他為相，讓他管理國政，因此成就了一代霸業。

　　領導用人需要雅量，因為你用人時，不是看誰跟你有過節，誰跟你關係最好，而是看誰最有能力，誰才是你最需要的人才。古有齊桓公用管仲，李世民用魏徵，這些優秀的領導者大膽起用「仇人」，結果「仇人」幫他們締造了盛世江山。

　　人與人相處，都難免有衝突、過節、恩怨，最重要的是忘記過去，不計前嫌。領導者尤其必須如此，如果一個老闆與下屬鬧了點彆扭，就伺機報仇，其實不是在給下屬難堪，而是在給自己製造麻煩。你打擊了下屬，最終受害的還不是公司？

　　一個企業領導者，如果能做到像齊桓公那樣不計私人恩怨，將會為企業締造發展的又一個契機。

　　你打我一拳，我必定想方設法踩你兩腳，但是，踩過之後呢？對你又有什麼好處？

　　不走極端，有器度，可以使自己贏得別人的信任，也可以使自己不受一時得失的影響，保持對人對事的正確判斷。

·8·

要有「容人所不能容」的大氣概

> 容人是一種美德，是一種修養。它不只是一個人的道德修養問題，還是一種生存姿態和方式的選擇。你能容人，別人才能容你，這是生活的辯證法則。

　　容人是一種美德，是一種修養。你能容人，別人才能容你，這是生活的辯證法則。容人，不僅僅是一個人的道德修養問題，更是一種生存姿態和方式的選擇問題。

　　如何容人？這無疑是一個古老的命題，也是一個說起來容易、做起來難的命題。俗話說：「將軍頭上能跑馬，宰相肚裡好撐船。」這是容人的最高境界。古今中外，凡是能成大事的人都具有一種優秀的品格，就是能容人所不能容，忍人所不能忍，善於求大同存小異，團結大多數人。他們極有胸懷，豁達而不拘小節，大處著眼而不會目光短淺，從不斤斤計較，糾纏於非原則的瑣事，所以他們才能成大事、立大業，使自己成為不平凡的偉人。那麼，容人究竟容什麼？如何容人？

（1）容人之長

　　人各有所長，唯有取人之長補己之短，才能互補，才能使共同事業得以發展。歷史上「蕭何月下追韓信」、「徐庶走馬薦諸葛」，這些容人之長的典故早已成為千古美談。相反地，有些人卻

十分嫉妒別人的長處，生怕同事和部屬超越自己，因此設法對其進行干擾、壓制，其實這種做法是十分愚蠢的。

（2）容人之短

人的短處是客觀存在的，因此容不得他人短處者勢必難以與人共事。如「鮑管分金」的故事就很耐人尋味。

話說春秋時期，鮑叔牙與管仲合夥做生意，鮑叔牙本錢出得多，管仲出得少，但在分配利潤時卻總是管仲多要一些，而鮑叔牙少要一些。鮑叔牙並沒有因此覺得管仲為人自私，而是認為管仲家裡窮困，多分一點錢並沒有什麼關係。後來鮑叔牙還把管仲推薦給齊桓公，輔佐其成就霸業，而管仲也因此成為一位著名的政治家。

如果鮑叔牙容不得管仲的缺點，絕不會長期與之共事，更不會向齊桓公推薦他，管仲的才華可能會被歷史埋沒，「鮑管」之美談也難以流傳至今。

（3）容人個性

由於人們的社會出身、經歷、文化程度和意識修養不盡相同，所以人的性格各異。因此，容人從根本上來說就是要能夠接納各種不同性格的人，這不僅是一種道德修養，也是一門處世的藝術。

（4）容人之功

他人有功勞，本應該感到高興，但有些人心胸狹窄，生怕別人功勞過大會對自己構成威脅，或不表其功，或嫉妒生恨，甚至據為己有。而「功高震主」已成為封建社會的警世之言。只有那些以整體利益為重、胸懷開闊的人才能做到「容人之功」。

（5）容己之仇

　　這是容人的極致，非德才兼備者難為。這也是一種從「大」利著眼的高超藝術，例如齊桓公不計管仲一箭之仇，任管仲為相，管理國政而成就霸業。

　　當然，以上所提的容人之「五容」，並非是不講究條件背景、不講究原則的「容」，如果是這樣，那麼往往就會成為誤己之容，既會損害自己，又會損傷群體。任何事情都具有相對性，切不可刻板而為之，有句話說：「該出手時就出手」，其意正在於此。

·9·

寬容能為自己增添一縷輕鬆的陽光

「贈人玫瑰，手有餘香。」只要你肯給別人那麼一點可親、可信、可敬的寬容，那麼，你的心靈世界又多了一縷輕鬆快樂的陽光。

生活中，無論夫妻之間、同事之間、鄰居之間、上下級之間、熟悉和不熟悉的人之間，皆需要寬容，這是人生的學問，也是人生活中通往平和喜樂的途徑。「贈人玫瑰，手有餘香。」只要你肯給別人那麼一點可親可信的寬容，那麼，你的心靈世界就又多了一縷輕鬆快樂的陽光。

俗話說：「成王敗寇。」然而，成王敗寇的道理並不適用於競爭激烈的職場，因為無論勝敗，大家今後還是要在一起工作。試著讓自己擁有一顆寬容的心，讓心緒變得平和，使自己能理解別人，這樣無論成敗你都是英雄。

寬容的好處就在於它會使別人樂於接近你，從而使你在往後的競爭中得到更多的支持。在公司這個講究團隊合作精神的地方，需要的是整體意識。反之，遇事不夠寬容，給人感覺你是一個斤斤計較的人，只看重眼前的利益，這一點也不利於你今後的發展。

所以，理解、包容自己的對手，看淡結果的得與失，你的心會因這份平和而充滿寧靜和寬容。如此一來，在面對你的競爭對手時，你也可以微笑著、氣定神閒地迎接挑戰，勝利了，贏得輝煌；

失敗了，同樣美麗。

　　有一位少年去拜訪一位年長的智者。少年問：「我如何才能變成一個自己快樂，也能給別人快樂的人呢？」智者說：「我送你四句話吧！第一句話是，把自己當成別人。」少年問：「是不是說，在我感到痛苦和憂傷的時候，就把自己當成別人，這樣就會減輕自己的痛苦；當我欣喜若狂時，把自己當成別人，那狂喜就會變得平淡從容？」智者微微頷首：「第二句話是把別人當成自己。」少年沉思片刻說：「把別人當成自己，就可以真正地同情別人的不幸，理解別人的需求，並且在別人需要時給予適當的幫助，對嗎？」智者以慈善的眼光應諾，繼而說：「第三句話是把別人當成別人。」少年接著說：「這就是說，要充分尊重別人的獨立性，在任何情況下都不可侵犯別人的隱私和領域？」智者哈哈大笑，連忙說：「好！好！孺子可教也！第四句話是把自己當成自己。這理解起來很難，留著今後慢慢品味吧！」少年說：「好。但是，這四句話之間有許多自相矛盾的地方，我要怎麼做才能把它們統一起來呢？」智者說：「這很簡單，用你一生的時間和精力。」

　　生活中我們難免有一不小心犯錯誤的時候，有時犯錯誤的人也許已經意識到自己錯了，並且內心已經很不安了，此時我們大可不必去指責、中傷對方。俗話說：「良言一句三冬暖，惡語傷人六月寒。」對犯錯者我們不妨態度溫和的建議提點，他不僅會心悅誠服地接受意見，而且他知道你尊重他時，他心裡會對你充滿感激！

　　我們都不是完美的人，我們自身都或多或少地存在著一些缺點和短處，只是有時自己還不知道或者或許知道而不願去正視，所以我們不要只顧議論別人，也要衡量一下自己，記住「閉門當思己過，閒談莫論人非」這句忠告。

　　當你得到別人的理解時，你會發現並得到一份難得的溫暖；被

理解和得到寬容時，你將放鬆精神上的壓力，而邁出輕盈的步伐。任何人都希望得到理解，而理解卻不是誰都願意給予的，心性的不同導致了人與人之間各異的想法。

人們常常會高呼理解萬歲，理解乃為領其心，會其意，善解人意。如果你確實理解一個人時，你會發現自己的心變得越來越寬廣，學會理解，懂得寬容會使你快樂。如果一對情侶很幸福，那一定是因為他們從不因雞毛蒜皮的小事而爭吵，因為他們懂得人與人之間應該互相理解，有理解的愛就會有寬容，有寬容的愛就會走得長久，而有了長久的愛你就會享受理解給你帶來的幸福。

·10·

寬容是最明智的處世原則

《菜根譚》中講：「路徑窄處留一步，與人行；滋味濃的減三分，讓人食。此是涉世一極樂法。」可謂深得處世的奧妙。

　　寬容不但是做人的美德，也是一種明智的處世原則，是人與人交往的「潤滑劑」。常有一些所謂厄運，只是因為對他人一時的狹隘和刻薄，而在自己前進的道路上自設的一塊絆腳石罷了；而一些所謂的幸運，也是因為無意中對他人一時的恩惠和幫助，而拓寬了自己的道路。

　　寬容猶如冬日正午的陽光，去融化別人心田的冰雪變成潺潺細流。一個不懂得寬容別人的人，會顯得愚蠢，大概也會着老得快；一個不懂得對自己寬容的人，會因為把生命的弦繃得太緊而傷痕累累。

　　我們生活在一個越來越重視功利的環境裡，但倘若太吝惜自己的私利而不肯為別人讓一步路，這樣的人最終會無路可走；倘若一味地逞強好勝而不肯接受別人的一絲見解，這樣的人最終會陷入世俗的泥淖中而無以向前；倘若一再地求全責備而不肯寬容別人的一點瑕疵，這樣的人最終將宛如凌空在太高的山頂，因缺氧而窒息。

　　曾有人把人比喻為「會思想的蘆葦」，因為弱小易變，而隨時都在改變對事物的正確了解。人非聖賢，就是聖賢也有一失之時，我們為何不能寬容自己和別人的失誤？

　　寬容並不意味對惡人橫行的遷就和退讓，也不是對自私自利的鼓勵和縱容。誰都可能遇到情勢所迫的無奈，無可避免的失誤，考慮欠妥的差錯。所謂寬容就是以善意去寬待有著各種缺點的人們。因其寬廣而容納了狹隘，因其寬廣顯得大度而感人。

　　在日常生活中，當自己的利益和別人的利益發生衝突，友誼和利益不可兼得時，首先要考慮捨利取義，寧願自己吃一點虧。鄭板橋曾說過：「吃虧是福。」這絕不是阿Q式的精神自慰，而是一生閱歷的高度概括和總結。

　　清朝時有兩家鄰居因一道牆的歸屬問題發生爭執，欲打官司，其中一家想求助於在京為大官的親屬張廷玉幫忙。張廷玉沒有出面干涉這件事，只是給家裡寫了一封信，力勸家人放棄爭執，信中有這樣幾句話：「千里求書為道牆，讓他三尺又何妨？萬里長城今猶在，誰見當年秦始皇。」家人聽從了他的話，鄰居也覺得很不好意思，兩家終於握手言歡，反而由你死我活的爭執變成了真心實意的謙讓。

　　《菜根譚》中講：「路徑窄處留一步，與人行；滋味濃的減三分，讓人食。此是涉世一極樂法。」可謂深得處世的奧妙。

　　有一個這樣的女人，總在喋喋不休地向人們說鄰家的污穢不堪。有一回她故意將一位朋友領到家裡，指著窗外說：「你看那家繩上晾的衣服多髒啊！」可那位朋友卻悄悄地對她說：「如果你看仔細點兒，我想你將能明白，髒的不是人家的衣服，而是你自家的窗子啊！」

　　是啊，我們在同一藍天下生活，為什麼不學著去寬厚地待人，而是去輕易地指責呢？即使髒的真是鄰家的衣服，我們為什麼不能

表示理解和容忍呢？要知道，這樣做不會給我們造成任何損失。

　　努力去愛你不喜歡的人也是一種不可缺少的寬容。

　　卡內基說：「如果你不喜歡某個人，有個簡單的方法可以改變這種特性：尋找別人的優點。你一定會找到一些的。」釋迦牟尼說：「以愛對恨，恨自然消失。」試著去愛你不喜歡的人吧，他們也會喜歡你的。寬容是人類生活中至高無上的美德。因為寬容包含著人的心靈，因為寬容可以超越一切，因為寬容需要一顆博大的心。

·11·

用包容疏洩怒氣，事事寬解為懷

事事寬解為懷，寬容是一種修養，也是一種風度。以海納百川的胸懷寬以待人，才能讓自己心態平和，心胸開闊，心裡永遠充滿陽光。

　　在生活當中，我們有時不免對一些不公平的事而憤憤不平。大怒之中，往往會導致身心受損。難解的怒氣在胸，就會有種不明的壓力，使得你情緒不穩，心神不安，整天恍恍惚惚。在這種精神狀態下，不僅工作、學習效率大大降低，還有可能出現差錯和事故。你生氣就是拿別人的錯誤來懲罰自己，何苦呢？

　　有一個寺廟裡的主持十分喜歡蘭花，也種了很多蘭花，有一次他外出，交代弟子們好好照看蘭花，就在主持快回來時，一個弟子不小心碰倒了花架，所有的盆栽都摔在了地上，碎了一地，大家十分害怕主持的責怪，提心吊膽地等到主持回來。當主持看到破損的蘭花盆栽時卻沒有責怪他的弟子。有人問為什麼呢？他說我種蘭花一是為了供奉佛祖，二是為了改善環境，唯獨不是為了生氣。

　　生活中的人們，有誰做事情是為了讓自己生氣呢？凡事都要想開點，別讓喜歡的東西成了通往快樂的障礙，快快樂樂地過好每一天不是比生氣更好嗎？

最近一位美國科學家發現，把人呼出的氣體滲入一種液體，平靜時液體無明顯變化，傷心時則會產生白色沉澱，而生氣時液體會變得渾濁不清。在一篇科學報告中曾提到，人生氣時的分泌物甚至可以毒死一隻老鼠，以此計算出一個人如果生五分鐘的氣完全不亞於兩公里長跑所消耗的體能。科學家因此得出結論，人很大程度上不是老死的，而是被氣死的，由此可知擁有健康的心理是何等重要！我們應該像珍惜自己的青春美貌一樣去培養我們的心理素質，使之泰然自若，平靜如水。那種處在外界颶風惡浪而仍然水波如鏡的心理乃是世間最高的境界。

　　發怒既然對身心有害，那麼是不是一定要把怒火壓在心底呢？當然不是。

　　實驗證明，發怒固然有損健康，但怒而不泄同樣對健康無益。英國一位權威心理學家認為，積貯在心中的怒氣就像一種勢能，若不及時加以釋放，就會像定時炸彈一樣爆發，可能會釀成大禍。正確的態度是疏洩怒氣，適度釋放，可將心中的不滿坦率地講出來，找知己好友無所顧忌地傾訴、寫信、寫日記，使怒氣在字裡行間得到排解。

　　還可到室外打球、跑步、爬山、呼吸新鮮空氣，讓怒氣與汗水一起流淌出來；亦可透過情緒轉移的方式，或埋頭工作，或欣賞一場音樂、戲曲，以求得心理平衡。

　　總是緊抓著生活小事不放的人，經常會因為自己的憤怒而迷失在自我毀滅和受害者的角色之中。如果能正確地疏洩怒氣，就能卸下傷害和生氣的沉重負擔，你將得到一種全新的感覺，讓你重新擁有活力、自由和掌控力！容易動怒的人光知道如何排解怒氣還是不行，最主要的是如何讓自己制怒，學會讓自己盡量不發脾氣，不輕易動怒，才是上策。這就要有一顆包容的心，事事寬解為懷。

　　把你的身體打開，把你的手掌張開，把你的眉頭撫平，用包容的心看待這個世界，你會發現原來包容的感覺是如此美好。從此，

學會 **寬容**

你的心裡少了仇恨，多了光亮。

·12·

給別人讓路就是給自己讓路

在生活中我們應學會謙讓，以此妥善地處理與他人的矛盾和衝突。給別人讓路也是在給自己讓路。與人方便，自己方便。退一步海闊天空，讓一讓風平浪靜。在生活中放寬心態，謙讓一些，既能顯出自己的風度，又能減少很多不必要的麻煩。

　　山不轉路轉，路不轉人轉，人不轉心轉。有時一個舉手之勞可使一個人度過難關，有時一時的寬容換來的可能是一世的福分。也往往因此，在你度過難關時，也會收穫意外的成果，有一扇門，你輕易就能推開。記得曾看過這樣一篇「禪」的故事。

　　某君博學多才，是鄉里有名的紳士。

　　有一日，某君趕著去參加一場詩會，急匆匆地就出門了。去那場詩會有一條必經之路──獨木橋。正好這天是有集市的日子，來趕集的人也要從這條獨木橋上經過。

　　剛到獨木橋邊，見有一老婆婆正從對面上橋，他一想自己是個紳士，不能沒風度地叫老婆婆讓他先過，於是就禮貌地讓老婆婆先過橋，老婆婆過來以後他還很紳士地向她微微一笑，老婆婆誇他真不愧是大家公認的紳士，他心裡十分高興。

　　之後他又準備過橋，恰巧這時他又看到有一個孕婦已經從對面上了橋，儘管心裡有些不樂意，但他還是很有禮貌地讓孕婦先過

了，孕婦過橋以後也誇讚他有風度，他也是對那孕婦報之一笑，以示風度。他看了看時間，發覺時間已迫在眉睫了，於是低著頭就直往橋上衝。

走到橋的一半，卻與迎面而來的一個樵夫撞了個滿懷，他有些生氣了，但為了保持他的紳士風度，還是強忍著怒火，禮貌地對那樵夫說：「請讓我先過去吧！」但樵夫卻不樂意的回答道：「你沒看見我這肩膀上扛著很重的柴火嗎？為什麼你不讓我先過呢？」紳士也急了：「你這個沒文化的粗人！趕快讓我過去！我趕著要去參加詩會呢！」。然而樵夫並沒有要讓他過去的意思：「就你的時間要緊啊！你不知道我今天是要去趕集嗎？要是去遲了，我這擔柴火還賣給誰，我一家老小吃什麼？你以為像你們這些自視清高的文人寫詩作文章就有飯吃了嗎？」

二人就這樣喋喋不休地吵了個沒完。紳士一看參加詩會的時間早過了，索性也就賴在了橋上。樵夫心裡盤算著，就算此時過橋，那買柴火的人也早走了，你賴在這裡我也不會讓你，任憑後面趕著要過橋的人如何勸說，他們就是不讓，就這樣僵持著，偶爾爭吵幾句。

這時，橋下飄來一葉小舟，小舟上坐著一位神態悠然的老和尚，紳士趕緊叫住了那和尚：「老師父，請慢行，您來給我評評理。」和尚問是怎麼回事，樵夫和紳士都理直氣壯地把事情的經過說了一遍，老和尚向樵夫問道：「你這擔柴火能賣多少錢？」「如果去得早，能順利地全賣完的話，可賣10文。」樵夫回答。老和尚哦了一聲繼續問道：「那現在若是讓你先過橋，你這擔柴火還能賣完嗎？」樵夫聽他這麼一問更來氣了：「被他這麼一擋，市集早散了，我還賣給誰？」這時老和尚不慌不忙地說：「既然如此，你為什麼一開始不讓這位紳士先過橋呢？這樣一來，他可以按時去參加詩會，而你也可以順利把柴火賣完了。」樵夫被問住了，無言以對地低下頭。

紳士見樵夫被問住了，心中暗喜，以為老和尚是幫著他說話的，誰知老和尚又開口問他道：「你的詩會很重要是嗎？」「當然，對於我們這些讀書人來說，詩會是非常重要的，況且我是今天詩會的主角！」紳士得意地說道。老和尚又是哦了一聲繼續問道：「既然它對你那麼重要，你為什麼不讓這位樵夫大哥先行呢？這樣你便可以在詩會上大顯身手了，更何況謙讓應該是你們這些讀書人必備的品行吧？」紳士沒想到老和尚會這樣說他，有些急了：「可是在這個樵夫之前我已經讓了兩個人了，憑什麼還要我讓他！」老和尚笑笑，說道：「既然此前你都讓了兩個人了，那麼你就不能再多讓一個人嗎？」這下紳士被徹底問住了，頓時從臉紅到脖子，他沒有再反駁一句。

　　老和尚最後給他們留了一句話就飄然而去。

　　「年輕人哪，給別人讓路的同時，也是在給自己讓路啊！」

　　在社會中，人們的習慣各異，脾氣秉性不同，難免會發生誤會和矛盾，只要不是原則性的問題，不妨多一點寬容，不妨主動謙讓，做出適當的妥協和讓步，以化解不必要的矛盾。謙讓是中華民族的傳統美德，謙讓是一個人有涵養的表現，是對其他社會成員的尊重和包容，並非意味著軟弱可欺，更不是妄自菲薄。在生活中，我們應學會謙讓，可以妥善地處理與他人的矛盾和衝突。給別人讓路也是在給自己讓路。與人方便，自己方便。退一步海闊天空，讓一讓風平浪靜。在生活中放寬心態，多一分寬容，少一點狹隘，謙讓一些，既能顯現自己的風度，又能減少很多不必要的麻煩。

第四章

寬容是一種無上的福分

——對別人的釋懷，也是對自己的善待

·1·

寬容待人，能更多地聚攏人氣

真正的寬容，不僅能容人之短，而且能容人之長。寬容的過程也是「互補」的過程。寬容絕不是縱容，不是無原則的寬大無邊，而是建立在自信、助人和有益於彼此關係這一基礎上的適度寬大。

　　寬容待人是一種美德，是一種思想修養，也是人生的真諦。寬容包括容人之長：人各有所長，取人之長補己之短，才能相互促進，事業才能發展規律。相反，有的人卻十分嫉妒別人的長處，生怕同事和部屬超過自己而想方設法進行壓制，其實這種做法是很愚蠢的。

　　這個世界上，寬以待己、嚴於律人的人太多了。這樣的人想廣交天下友是很難的。人總是喜歡和寬容厚道的人交朋友，正所謂「寬則得眾」。想多交朋友，交好朋友，寬容一些是極有必要的。即使對有錯誤的人也不要嫌棄，應給人提供改過的寬鬆條件，原諒別人的過失，幫助別人改正錯誤。正所謂與人方便，自己方便。

　　我國自古以來就有「君子寬以待人，嚴於責己」的做人方法。寬容別人會使別人敬重和傾慕你的人品，特別是在競爭激烈的今天，寬以待人會使人人都喜歡與你交往。誰都不是聖人，難免有犯錯誤的時候，我們自己也不例外。當自己做了錯事、說了錯話時，都希望得到別人的諒解。那麼如果朋友犯了錯誤，我們會諒解嗎？

蘇東坡年輕的時候有一個朋友，叫章惇，這人後來當了宰相，執掌大權。他當政時，把蘇東坡發配嶺南，後又貶至海南島。後來，蘇東坡遇赦北歸，章惇卻被放逐到嶺南的雷州半島。蘇東坡聽到這個消息後，給章惇寫了封信，說：「聽到這個消息，我很驚歎。這麼大年紀卻旅跡天涯，心情可想而知。好在雷州一帶雖偏遠，但無瘴氣，請安慰你的老母親讓她不要擔心。」他在信中還囑託章惇多想想將來云云。接信後，章惇自是羞愧不已，他的家人都對蘇東坡心存感激。

　　一個幾乎將自己置於死地的人，在他落難時，蘇東坡還能盡朋友之責，可見他的胸懷何等寬廣。

　　法國19世紀的文學大師維克多・雨果曾說過這樣一句話：「世界上最寬闊的是海洋，比海洋更寬闊的是天空，比天空更寬闊的是人的胸懷。」雨果的話雖然浪漫，但很有現實意義。

　　寬容，對人對己都可成為一種無需投資便能獲得的「精神補品」。它不僅有益於身心健康，而且對贏得友誼也是必要的。寬容朋友，絕不是面對現實的無可奈何。在短暫的生命旅程中，學會寬容，意味著我們的朋友會更多。

　　寬，不僅指寬以待人，還包含糊塗交友。所謂的糊塗，不是迷迷糊糊、傻里傻氣的意思，而是指交友要不拘小節，四海之內皆兄弟。

　　寬，其中也包含一個「廣」的意思，廣交朋友，來者不拒。更重要的一點是，朋友不能以門第高低而論，不能「一貴一賤，交情乃現」。

　　據說齊國的孟嘗君有門客三千，上至諸侯，下至逃亡在外的有罪之人應有盡有。孟嘗君對這些人都以禮厚待，不分貴賤，一律平等。他及門客們坐著交談，屏風後經常有侍者記下談話內容，以及

客人的家庭住址。門客走時，孟嘗君已經派人送禮品至其家中了。門客們將孟嘗君視作知己，總是盡力地報答他。

寬，還要注意朋友的自尊。

一個人如果損失了金錢，那還不會怎麼樣，一旦自尊受到了傷害，問題就大了。金錢沒了，還可以賺回來，心靈受了傷害就不是那麼容易彌補的。也許我們並無傷友之意，但往往因為一句話、一件事傷害了朋友，為自己樹起一個敵人。

現在的人越來越強調個性，好勝心極強，常常把事做「絕」，證明自己的正確或勝利才肯罷手，這就會傷了朋友的感情。在一些小事上，我們大可讓朋友「贏」上一把，高興一次，照顧朋友的自尊，這也是一個獲得多方面好感的機會。

重視朋友的自尊心，必須先抑制自己的好勝心。如果一語不合便大加打擊，一事唐突便懷恨在心，一個壞印象便一輩子不忘，這就說不上寬容。

真正的寬容，不僅能容人之短，而且能容人之長。寬容的過程也是「互補」的過程。朋友有了過失，若能予以正視，並以適當的方法給予批評和幫助，便可獲得一個不惜兩肋插刀的知己了。

寬以待人還要求我們，「己欲立而立人，己欲達而達人」。自己要站得住，同時也使別人站得住，自己要事事行得通，同時也使別人事事行得通。《論語‧顏淵》又說：「君子成人之美，不成人之惡，小人反是。」在一定意義上，成人之美也是成己之美。

當然，寬容絕不是縱容，不是無原則的寬大，而是建立在自信、助人和有益於彼此關係這一基礎上的適度寬大。對於絕大多數對我們有用處的朋友，宜採取寬恕和約束相結合的方法，而對那些對我們毫無用處，而且有害於我們的小人，則不應手軟。從這一意義上說，「大事講原則，小事講風格」，是應取的態度。

一個人的胸懷能容得下多少人，才能夠贏得多少人。寬容的人

能夠理解和尊重別人的不同看法、思想言論、行為、宗教信仰和種族觀念，他們都會對此有一個客觀冷靜的態度，絕不會把自己的觀念強加給別人。

而一個懂得寬容的人，他的天地一定更加廣闊，他的精神一定更加充實，他的心靈一定更加純潔，他的靈魂一定更加美麗。一個擁有寬容的人，他一定會是一個快樂、成功的人。寬容是對自己的善待。

·2·

享受自己的生活，不要與他人相比

許多的時候，我們感到不滿足和失落，僅僅因為覺得別人比我們幸運！如果我們安心享受自己的生活，不和別人比較，在生活中就會減少許多無謂的煩惱。

許多時候，我們感到不滿足和失落，僅僅是因為覺得別人比我們幸運！如果我們安心享受自己的生活，不和別人比較，在生活中就會減少許多無謂的煩惱。

早晨5點，悅淨大師出去為自己廟裡的葡萄園僱用工人。一個年輕人爭著跑了過來。

悅淨大師與年輕人議定一天10塊錢，就領著年輕人工作去了。

7點的時候，悅淨大師又僱了一個中年男人，並對他說：「你也到我的葡萄園裡去吧！一天我給你10塊錢。」中年男人就去了。

9點和11點的時候，悅淨大師又同樣僱用了一個年輕婦女和一個中年婦女。

下午3點的時候，悅淨大師又出去，看見一個老頭站在那裡，就對老頭說：「為什麼你站在這裡整天閒著？」

老頭對他說：「因為沒有人僱用我。」

悅淨大師說：「那你也到我的葡萄園去吧！」

到了晚上，悅淨大師對他的弟子說：「你叫所有的工人來，發

給他們薪資，由最後的開始，直到最先的。」

　　老頭首先領了10塊錢。

　　最先被僱用的年輕人心想：「老頭下午才來，就賺了10塊錢，我最少也能賺40塊。」可是，輪到他的時候，也是10塊錢。

　　年輕人立即就抱怨悅淨大師，說：「你最後僱用的老頭，不過工作了一個時長，而你竟把他與工作了整整一天的我同等看待，這公平嗎？」

　　悅淨大師說：「施主！我並沒有虧待你，事先我不是和你說好了一天10塊錢嗎？我願意給這最後來的老頭和你一樣的薪水，難道你就不許我把自己的財物，以我所願意的方式使用嗎？或是因為我對別人好，你就眼紅了呢？」

　　許多的時候，我們感到不滿足和失落，僅僅是因為覺得別人比我們幸運！如果我們安心享受自己的生活，不和別人比較，在生活中就會減少許多無謂的煩惱。佛說，人類煩惱最根本的根源，不是自己缺少什麼的不滿足感，而是「我在哪些方面應該超過別人」的攀比心理。其實，只要你想，你就一定能透過自己的努力，讓周圍的人都能認可你，讓身邊的人都能和你一樣真心地把對方當成朋友，無論是有沒有社會地位的人，包括吝嗇的有錢人、小肚雞腸的人、吃裡扒外的人、鐵石心腸的人、執著不前的人……所有的人，相識都是緣分，只要你沒有什麼索求，以一種坦然寬宏的心態對自己說：「我的生活什麼都不缺，只是希望能多些朋友，這樣就夠了。」佛祖是公平的，寬宏是有好報的。

　　《牛津格言》中說：「如果我們僅僅想獲得幸福，那很容易實現，但若我們希望比別人更幸福，就會感到很難實現，因為我們對於別人幸福的想像總是超過實際情形。」人各有所長，各有所短。我們既不能總是以己之長，比人之短；也不應以己之短，比人之長。生活中的許多煩惱都源於我們盲目地和別人比較，而忘了享受

自己的生活。

·3·

寬宏大度，予人一輪明月

恢宏大度是一種寬容。恢宏的人心大、心寬，人生的道路也會越來越寬。對人對事要寬宏大度，看得開、想得通才不會有痛苦。

恢宏大度是一種寬容。恢宏的人心大、心寬，人生的道路也會越來越寬。

在兩漢末年紛爭四起之際，漢光武帝劉秀，順天意，應民聲，平息群雄，以柔術治國，開創了「光武中興」的盛世。

劉秀為人寬宏大度，非常謙遜，尊重別人，平易近人；從不自以為是，妄自尊大，輕賤他人。因為他這種為人處世的態度，以致他的臣民非常愛戴他。

有一次，劉秀外出打獵深夜方歸，要從洛陽城的東北門進城，掌管這個門的官吏郅惲拒不開門。劉秀讓人點起火把，並告訴說皇帝回來了，郅惲說：「火光閃爍，距離又很遠，看不清楚。」就是不開。劉秀沒法，只好轉到東城門進了城。第二天，郅惲上書批評了劉秀一頓，說他遊獵山林，夜以繼日，帶領出一種不良風氣，危害國家。劉秀不但沒有治罪於他，反而賞了郅惲100匹布。

當時太原郡有個叫周黨的人，在當地很有些名望，因為不願做官，身穿短布單衣，用樹皮包著頭去見劉秀。按當時的禮節，周

黨應該向劉秀通報姓名，結果周黨也沒有通報，只稱自己志趣不在做官。劉秀並沒有為難他。有大臣認為周黨在皇帝面前驕矜無禮，以此來獲得清高的名聲，應治「大不敬」之罪。劉秀對群臣們說：「自古明王聖主都有不願為他做臣的人，伯夷、叔齊就不食周粟。周黨不接受我的俸祿，也是他的志願，賜給他40匹綢子。」

在詔書中，劉秀經常稱自己「德薄」，要上書者不要稱他聖明。各郡縣經常報告一些所謂「嘉瑞」事物，群臣要求史官將這些「嘉瑞」記載撰寫成書，以傳後世，劉秀一律不許。

曾有文臣武將屢次諫說劉秀舉行封禪大典，劉秀十分謙虛地下詔書道：「我即位三十年，百姓哀怨，不見功德，哪有封禪的資格。當初齊桓公想封禪，遭到管仲的批評。今後誰再敢妄言封禪，嚴懲不貸！」大臣們遂無人再言封禪。

同樣的，我們對於友誼、正義、幸福、平安、智慧等無價的東西，也不能用有形的事物做正確的衡量。這正是人生的困局之一。我們必須時時注意如何以有形可見的事物來巧妙地表達所要傳遞的心靈資訊。可悲的是在傳遞的過程中常常會有「落差」，這種落差常使骨肉至親反目。患難之交怨憤、恩愛夫妻分離、有情人成陌路人。

有人常說：理解萬歲。不管任何人都怕被人誤解，都希望別人能夠理解自己，尤其是那些曾經有過失足經歷的人，他們最需要的就是周圍人的理解與寬容。對於他們，如果周圍的人能多給他們一點關愛、一點寬容，能送他們一輪明月，相信他們的未來之路就會是光明一片。

·4·

寬容能讓你在職場中如魚得水

要想在工作中如魚得水，創造出令人羨慕的業績，除了要有過人的才華、超人的能力等個人因素之外，良好的人際關係也是不可忽視的大問題。甚至有時候它是關乎你的得失成敗的關鍵因素。處理好職場人際關係的重要一點就是保持寬容的心態，做到這一點，不管是與上司還是與下屬的關係都會變得融洽許多。

　　同事關係是人際關係的重要組成部分，同事的友愛，會讓你的生活多姿多彩；同事的協助，會讓你走上通往升遷的平台。如果你希望自己事業有成，那就一定不要忽略與同事之間的關係。

　　同事朝夕相處，難免會有一些矛盾和摩擦，這種情況下我們一定要多寬容，以此來維繫良好的關係。

（1）原諒犯錯的同事

　　如果同事在工作中出現了錯誤，即使連累到你，也不要隨便指責他，更不要當眾侮辱他。雖然理虧在對方，你也不必得理不饒人。你應該耐心聽取對方解釋，只談現在的問題，就事論事。這樣才能顯示出你容人的胸懷。因為當你憤怒時，不免偏頗，對別人也就不公平。何況，你不可能耳聽八方，眼看千里，所以別人的解釋你應該考慮，且有助於你了解同事的工作情況，和他所以出錯的原

因。

　　另外要做到對事不對人。即使對方已明白是他的錯，你也不能說「你為何那樣做？」為什麼不讓自己的口氣更柔和一些：「這辦法的效果不夠理想，下一次我們不妨這樣做……」

　　給做錯事的同事一個承擔責任的機會，但要用鼓勵的口吻：「我明白你很難過，但你不妨這樣做……」然後冷靜、清楚地把你的要求告訴同事，並跟他一起研究解決處理的方法。所謂「一人計短，二人計長」，讓犯了錯的同事也有參與彌補的機會，他的內疚感自會大減，也不會責怪你發脾氣，而且有助於找出理想的解決方式，從而贏得事情的轉機。

（2）避免與同事爭吵

　　佛祖說，不能以仇解仇，而應以愛消恨。誤會是不能靠爭吵消除的，它只能靠接觸、和解的願望和理解對方的真誠心願。

　　有一次，林肯斥罵一個年輕軍官，原因是他與自己的一個同事進行了激烈爭吵。林肯說：「任何一個想有所作為的人，都不應在和人爭吵上浪費時間，這不是說他不應該生氣和失去控制，而是說在重大問題上，如果你感到你和對方都正確，那你就應該讓步；在枝節問題上，即使你明明知道對方不對，你也應讓步。給狗讓路總比讓牠咬你一口要好，因為即使把狗打死，也不能馬上治好你的傷。」

　　實際上，在爭吵中是沒有勝者的。即使你在爭吵中佔了上風，說到底還是你失敗了，因為你傷了對方的自尊心，他當然惱火。而被迫放棄自己觀點的人，從來就不會更改初衷。

　　說服某人並不意味著同他爭論。班傑明·富蘭克林說：「如果你與人爭論和提出異議，有時也可能取勝，但這是毫無意義的勝

利，因為你永遠也不能使對手心悅誠服。」

（3）忘記同事的過錯

古人云：「人之有德於我也，不可忘也；吾有德於人也，不可不忘也。」別人對我們的幫助，千萬不可忘記；反之，別人倘若有愧於我們的地方，應該樂於忘記。

不念舊惡是一種寬容，對人對己都有好處。況且在許多情況下，人們誤以為「惡」者，又未必就真的是十惡不赦，傷天害理。退一步說，即使對你構成了傷害，對方若心存歉意，誠惶誠恐，你不念舊惡，以禮相待，進而對他格外開恩照顧，也會使他棄惡從善，立地成佛。

唐玄宗時，魏知古出身於一般的官吏，受到姚崇的重用，二人同時晉升為宰相。不久，姚崇請魏知古去代理吏部尚書的職位，負責去洛陽選拔士曹。同為宰相，姚崇竟然在自己面前高談闊論，還把自己委派出去，魏知古因此對姚崇懷恨在心，一心要找機會報復。

當時，姚崇的兩個兒子都在洛陽做官，知道魏知古到洛陽選士後，此二人就倚仗父親的權勢，千方百計想法示意魏知古多關照。待魏知古回到京城後，把這件事告訴了玄宗。

幾天後，唐玄宗召見姚崇，問：「你的兒子們有才幹嗎？都做了什麼官，又是在哪裡任職呢？」

姚崇揣測到玄宗話中的深意，於是就說：「我的兩個兒子都在洛陽任職，他們言行不謹慎，此次一定是拿了什麼物事去拜謁魏知古。可是臣還未來得及過問此事。」

玄宗本來的意思是要試探姚崇，看他是否袒護自己的兒子，聽了他的回答之後，十分高興，便說：「你是怎麼知道的呢？」

姚崇答道：「魏知古貧賤之時，為臣引薦了他，方達到現在的

顯赫地位。我的兒子愚蠢，推想魏知古一定會報恩，會容忍他們的非分行為，所以一定拜謁過魏知古。」

姚崇巧妙地將話點給玄宗聽，曝露了魏知古的薄情寡義。不久，玄宗便罷免了魏知古的職務。

然而，姚崇認為魏知古是個人才，為國家社稷考慮，遂盡棄前嫌，又為魏知古求情。於是玄宗又任命魏知古為工部尚書。

姚崇的器量確實過人，魏知古陷害他未成反受其害時，他仍求情於皇上。可見姚崇容人的雅量達到何種境界。

最難得的是將心比心，誰沒有過錯呢？當我們有對不起別人的地方時，是多麼渴望得到對方的諒解啊！又是多麼希望別人能把這段不愉快的過去忘掉啊！既然如此，我們為什麼不能用寬厚的理解開脫別人？

（4）巧妙化解討厭的情緒

沒有人會比有壞習慣的人更令人討厭了，而每一個讓人討厭的傢伙都有一兩種壞習慣，而且他並不知自己的壞習慣給人的感覺很糟糕。也有的人即使知道自己的壞習慣，也不會積極地去改進。而他們的壞習慣一旦有人提出，他們就會像是被傷了自尊心般地說：「多管閒事！」

如果你非常介意他咬手指或雙腳不停抖動的壞習慣時，千萬不要直接提醒他，以防他惱羞成怒。你不妨以敲山震虎的形式，婉轉地告訴他。

譬如，你可以說：「我父親有不停抖動雙腿的習慣，而且搖得很厲害，因此吃飯時即使發生地震，也不易察覺到。」這樣，你用玩笑的口吻說出，不只是容易出口，也不會傷到彼此間的感情。而且，對方也可以坦率地接受。

如果你開始討厭一個人，並對他心存憤怒的話，你可能會感到

胃部緊張、心臟悸動加速，胸腔發出「呼呼」的聲音。這時，請馬上採取冷靜的行動，使自己平靜下來。如果有必要，離開那個環境也是可以的。

因為，一旦你做出某種特定行動，就會產生特定的情緒。即只要做出保持冷靜的行動，就能產生冷靜的情緒。這樣一來，憤怒將不再成為割裂你和他人和睦關係的因素了。

（5）對新人要寬容更要幫助

職場中，沒有一名相對而言失去年齡優勢的資深職員，會對新人不存一點妒意。如果你用挑剔、苛刻的態度來對待新人，那麼你就會與新職員的關係越鬧越僵，對工作、對你自己都是毫無益處的。因此，你一定要趕走自己的妒意，以寬容來迎接新人，儘快爭取他們的好感。

除此之外，資深職員還應對新人提供一定的支持和幫助。生活中沒有一位目光短淺的資深人士願意將他諳熟的業務領地出讓給後來者，他們認為，這是我獲得傲人業績的保障，也是我的「根據地」，憑什麼「勝利果實」由你來摘？

但資深職員易於忽略的事實恰恰是，一旦你只滿足於耕耘「根據地」，事業的「活水」有可能變成「死水」，惰性與故步自封隨即出現了。為什麼不真誠地出讓一部分成熟的業務領地來幫助新手度過最初的迷惘呢？這種幫助足以讓新人銘記一生，而且，從中得益的亦不僅僅是新人以及資深人士與新人之間的關係，也包括資深職員的自身挖掘——你以為天水茫茫、無疆可拓了，但在你交出一部分業務的同時，你不得不揚帆遠航，去開闢「新大陸」。箇中得失，真可謂心知肚明。為什麼不表現得更灑脫、更大度一些？同事之間的競爭、摩擦是不可避免的，但作為一個聰明的辦公室一族，你應該學會用寬容把這種摩擦降到最低限度，構築更和諧的人際關係。

·5·

用寬容之水熄滅你復仇的怒火

莎士比亞說：「不要因為你的敵人而燃起一把怒火，熱得燒傷你自己。」仇恨的心理就是一把雙刃劍，在刺傷仇人的同時，也會深深傷害自己。

　　在美國歷史上，恐怕再沒有誰受到的責難、怨恨和陷害比林肯多了。但是根據傳記記載，林肯卻「從來不以他自己的好惡來批判別人。如果有什麼任務待做，他也會想到他的敵人可以做得像別人一樣好。如果一個以前曾經羞辱過他的人，或者是對他個人有不敬的人，卻是某個位置的最佳人選，林肯還是會讓他去擔任那個職務，就像他會派他的朋友去做這件事一樣……而且，他也從來沒有因為某人是他的敵人，或者因為他不喜歡某個人而解除那個人的職務。」很多被林肯委任而居於高位的人，以前都曾批評或羞辱過他——比方像麥克里蘭·愛德華·史丹唐和蔡斯。但林肯相信「沒有人會因為他做了什麼而被歌頌，或者因為他做了什麼或沒有做什麼而被廢黜。因為所有的人都受條件、情況、環境、教育、生活習慣和遺傳的影響，使他們成為現在這個樣子，將來也永遠是這個樣子。」

　　美國《生活》雜誌曾經報導了一系列觸目驚心的資料，闡述了報復是怎樣傷害一個人的健康：「高血壓患者最主要的特徵就是容易憤怒，憤怒不止的話，長期性的高血壓和心臟病就會隨之而

來。」難怪連耶穌都告誡人們要「愛你的仇人」。看來不只是一種道德上的教訓，而且也是在宣揚一種20世紀的醫學。祂是在教導我們怎樣避免高血壓、心臟病、胃潰瘍和許多其他的疾病。

雖說林肯的一番以德報怨絕非是出於對個人健康的考慮，但他這種對仇人特殊的愛，不僅沒有使他被人嘲笑為軟弱可欺，反而得到了更多人的擁戴，包括那些曾經強烈反對過他的對手和敵人，也更加因此彪炳青史。

戴爾·卡內基認為，即使我們實在難以去愛一個仇人和對手，但卻總不能不去愛自己；我們要使仇人不能控制我們的快樂、我們的健康，我們的外表。因為要是我們的仇家知道我們對他的怨恨使我們精疲力竭，使我們疲倦而緊張不安，使我們的健康受到傷害，使我們得心臟病，甚至可能使我們短命的時候，他們不是會拍手稱快嗎？

對於每天都付出8小時的時間待在辦公室，不同的人有不同的印象。有人形容它為「人間地獄」，有人則視它為實現理想的地方，當然也有人把它當作一個社會的縮影，一切奸詐欺哄、互相傾軋，在辦公室裡司空見慣。就以與同事的關係來說，如果你要認真計較的話，每天你隨便也可以找到四五件讓人生氣的事情。如被人誣陷、同事犯錯連累自己、受人冷言譏諷等等，有人不便即時發作，便暗自把這些事情記在心裡，伺機報復，但這種仇恨心理不單無法損害對方分毫，反而會影響自己的情緒，自食其果。

不管同事怎樣冒犯你，或者你們之間產生什麼矛盾，總之「得饒人處且饒人」。多一事不如少一事，凡事能夠忍讓一點，日後你有什麼行為差錯，同事也不會做得太過分，逼你走向絕境。至於如何才能培養出這種豁達的情操呢？讓心思意念集中在一些美好的事情上，如：對方的優點，你在集體裡所奠定的成就等。當你的報復或負面的思想產生時，叫自己停止再想下去，再想想卡內基的忠告吧！

·6·

鬆開手，你會擁有更多

人的本質都是貪婪的，但一定要記住「有所得必有所失」，這才是真正的生活。學會鬆開你的手，才會抓住更好的東西。

生活中，不管你有多努力，總會在不經意間失去某些東西，如果你只顧為失去的東西哀歎，那麼你就將失去更多。明白放棄是一種難得的智慧。

一位從事室內設計的工程師說起關於簡約的空間美學的話題時說：「就建築或者室內設計而言，簡約比複雜的難度還要高上許多，因為加上東西是容易的，可是要減掉東西，卻需要更多、更敏銳的美學素養與判斷。」

其實，懂得放棄的道理也是人生之中更大、更深的課題。從呱呱落地開始，我們一直學習的都是用加法來面對人生的課題。從生理上的吃飯、心理方面的感受、知識上的不斷學習與吸收，到物質或成就上的累積。

可是，這樣的加法卻在許多時候成為卡住我們並讓我們困惑、凝滯的關鍵。因為加法並不是面對人生課題時唯一的方法，有些時候，你必須用「減法」才能夠解得開。而所謂的減法，正是放手的藝術。

《臥虎藏龍》裡，李慕白對師妹說：「把手握緊，什麼都沒有，但把手張開就可以擁有一切。」以退為進的道理誰都知道，可

身體力行，卻是困難的。

　　無論你的選擇是什麼，你注定會失去一些東西，也注定會在失去的同時獲得一些東西。其實有時得到什麼、失去什麼，我們心裡都很清楚，只是覺得每樣東西都有它的好處，哪樣都捨不得放手。

　　給你一道測試題：在一個暴風雨的夜裡，你駕車經過一個車站。車站裡有三個人在等巴士，其中一個是病得快死的老婦人，一個是曾經救過你命的醫生，還有一個是你長久以來的夢中情人。如果你只能帶走其中一個乘客，你會選擇哪一個？

　　很多看過這個測試題的人只做了簡單的單一選擇，事實上最理想答案是：把車鑰匙交給醫生，讓醫生帶老人去醫院，然後和自己的夢中情人一起等巴士。

　　生活中的你是不是從來不想放棄任何好處，就像不願放棄那把車鑰匙？其實，如果我們可以放棄一些利益，我們反而可以得到更多。

　　「魚，我所欲也，熊掌，亦我所欲也，」無論你的選擇是什麼，都注定會失去一些東西，也注定會在失去的同時獲得一些東西。

　　如果擺在你面前的都是重要的東西，那也沒關係，看看貝爾納給你的答案。

　　貝爾納是法國著名的作家，一生創作了大量的小說和劇本，在法國影劇史上佔有特殊的地位。有一次，法國一家報社進行了一次有獎智力競賽，其中有這樣一個題目：如果法國最大的博物館羅浮宮失火了，當時只能搶救出一幅畫，你會搶哪一幅？結果在該報社收到的成千上萬回答中，貝爾納以最佳答案獲得該題的獎金。他的回答是：「我搶離出口最近的那幅畫。」

　　這個故事告訴我們這樣一個道理：成功的最佳目標不是最有價

值的那個，而是最有可能實現的那個。人的本質都是貪婪的，但一定要記住「有所得必有所失」，這才是真正的生活。學會鬆開你的手，才會抓住更好的東西。

·7·

心往寬處想，吃虧也是福

> 吃虧是福。我們要能夠吃虧，善於吃虧。吃虧者，人們會為其器量而讚賞，因其人格魅力而折服！吃虧者，能讓人覺得有器量而備受敬重。

　　人活一世，誰願意吃虧？人常說：「好漢不吃眼前虧」，好像吃虧的人就不配有個男子漢大丈夫的稱號。可是，前幾天，和一位智者閒聊時，他的一句「其實吃虧也是福」的話，讓我對吃虧有了新的認識。吃虧是福。我們要能夠吃虧，善於吃虧。吃虧者，人們會因其器量而讚賞，因其人格魅力而折服！吃虧者，能讓人覺得有器量而加以敬重。

　　在智者看來，吃虧是善待生命、善待他人，是與人培養感情、相互來往的最好溝通方式。因為人心都是熱的，你在別人面前吃一次虧，別人就感到心裡不安，覺得欠你一份債，就要想辦法償還，在心底與你交往的同時還會渴望下一次的互動，在與人來往中，你會發現其實人都有善良的一面，只不過表達的方式不同，機遇和時限把人們慈心善面的另一部分隱藏了起來，發洩出來的是另外不真實的一面，假如再給他一次同樣的機會，也許吃虧的就是他本人了，而佔了便宜的人也會如此的去往返補償。這樣一想，你就會有一種心理上的平衡，就會心情舒暢地去面對世界上的任何人和任何事，你就會感覺到烏雲背後的太陽光芒；電閃雷鳴帶來的是萬物甦

醒，冰天雪地孕育著大地的春色，陣痛過後將是新生命的誕生！一個人的虧欠原來換取的是這麼多的美麗和神奇！誰能說吃虧不是福呢！

試想，在行人擁擠的鬧市，突然有人無意中踩著你的腳，你搶在前頭說一句「對不起」的話，此人不管是白領階層還是灰領人士，大概都會投之以桃，報之以李地說句客套話以表歉意或者默默地笑臉相送。這時你的腳即使還痛，心裡也是春風和煦，腳痛用心暖來療養，受益的肯定是身心健康，這不能不說是一種福氣了！

一個領導者，假如處處為部下著想，為他們解決問題，工作上讓他們無所顧忌地去做，使他們有各盡其才、各顯身手、發揮能量的空間。工作之餘，朋友如兄妹般的相幫互助，你的領導工作就成功了，你就會得到眾人的擁戴和愛護，你是天上的月亮，大家就是明月周圍的星星，圍著你轉，跟著你走，按照你的意願和思路去努力工作，你的工作就會成效顯著，事業就會興旺發達，這不能不說是一位領導者的福分所在吧！

作為普通人，上班時我們早早地來到公司，倒好水、把辦公桌擦乾淨，分內、分外的工作均做得圓圓滿滿、卓有成效。回到家裡我們尊老愛幼、勤儉持家，大事小事包攬下來，重活累活搶在前頭，家和萬事興，家興事業興，看起來你是個吃虧者，實際上受益的還是你自己。因為你不僅得到了裡裡外外的一致好評，受到了大家的尊重，還鍛鍊了身體，陶冶了情操，身心始終沉浸在愉悅的氛圍中，久而久之，其他人就會和你一起分擔苦樂酸甜的，在此情況下，吃虧的報答依然是歡樂開懷！

「吃虧是福」是一種美德，是構建和諧社會的根基。什麼時候人人都懂得「吃虧是福」的深刻內涵，健康快樂就會伴隨每個人生活的每一天；任何地方講究「吃虧是福」，這一方土地就是一個安寧祥和的美好樂園！

生活中往往就是這樣，吃了一些虧，聰明的人從中學到智慧，

並懂得一個大道理：禍福相隨，從而知足常樂。

·8·

寬恕能讓你從自設的牢籠中
求得解脫

> 原諒是一種風格，寬容是一種風度，寬恕是一種風範。給人一
> 點寬恕，它將帶給一個人重新獲取新生的勇氣，去直面他人生
> 中的另一個幸福時刻。

一隻腳踐踏了一朵盛開的花，那花卻將醉人的香氣遺留在那隻
腳上，這就是寬恕。

有這樣一則發人深省的故事：

在一間酒店的門口，一位暴怒的喝醉了酒的醉漢點燃了一桶瓦
斯，一瞬間，他毀了幾十個家庭，使數百人受到無辜的傷害，也就
在同時，他自己的家庭也被他一手毀滅了。

由於案件重大，警方投入大量警力將他迅速逮捕，他的生命
可以說就此完結。如果等待他的是一聲乾脆的槍聲，那這就只是一
個普通的案例。事實上，警方將他投入監獄後，並沒有將他立即處
決，而是把他關進牢房等待漫長的審判。

沒有什麼比這更痛苦的了，他已經釀成無法挽回的悲劇，這種
心靈的折磨無時無刻不在咬嚙著他的心。他陷入了對生命最徹底的
絕望，他想以死來解脫，但是他卻不能如願。於是他變得更暴躁，

像一頭瘋狂的野獸，破壞他所能破壞的一切。

有一天，他意外地接到一封信，一封有著溫柔顏色信封的信，是一位受害者家屬寄來的，這封信讓他像變了一個人一樣，內心開始釋然，也重新點燃了生命中殘留的希望。他真心地懺悔，晚上開始睡得很安穩，根本不像一個將死的死刑犯。他戒了所有的不良嗜好，甚至拒絕了處決前供他降低恐懼的酒。

眼角膜、心臟、骨骼……他毫無保留地捐出了所有有用的器官。

他找到了解脫的方法，在生命的最後一刻展現了最燦爛的光輝，一個將死的人的人性的光輝。這一切都源於一封信的寬恕。而他那一次的暴行僅僅源於沒有對自己的家人抱以寬恕的心，僅僅是沒有釋然地對待妻子的背叛。結果，他失去了生命的所有。

而受害者的家屬卻用一顆寬恕的心拯救了他必死的靈魂，讓他在告別生命的那一刻獲得了從未有過的輕鬆和安詳。

原諒是一種風格，寬容是一種風度，寬恕是一種風範。給人一點寬恕，它將帶給一個人重新獲取新生的勇氣，去直面他人生中的另一個幸福時刻。

人們常在自己腦子裡預設一道藩籬，如果有人越過這道藩籬，就會引起怨恨。其實，別人可能對你設置的規定置之不理，你去怨恨，不是很可笑嗎？

大多數人都一直以為只要不原諒對方，就可以讓對方得到一些教訓，也就是說：「只要我不原諒你，你就沒有好日子過。」其實，倒楣的人是自己：一肚子窩囊氣，甚至連覺也睡不好。

其實，當你覺得怨恨的時候，不妨閉上眼睛，體會一下你的感覺，你會發現，讓別人自覺有罪，你也不會快樂。

一個人愛怎麼做就怎麼做，你要不要讓他感到愧疚，對他都差別不大——但是會破壞你的生活。生活中不會事事由人，颱風帶來

暴雨，你家地下室一片汪洋，你能說「我永遠也不原諒天氣」嗎？既然如此，又為什麼要怨恨別人呢？

我們沒有權力控制風雨，也同樣無權控制他人。老天爺不是靠怪罪人類來運作世界的——所有對別人的埋怨、責備都是人自己造出來的。

古語有云：「知錯能改，善莫大焉。」既然已經承認了錯誤，為什麼還要斤斤計較，不寬恕他人呢？在寬恕他人的同時，你的心靈已從仇恨中解脫，你的心靈因此也得到了進一步的昇華。你可以對仇人、朋友贈一個最甜美的、天使般的微笑，這微笑可以加深友誼，淨化仇恨。放飛心靈，多一個朋友，何樂而不為？寬恕別人，會讓生活更加愉快、更加充實。朋友們，放開心胸，忘記仇恨吧！寬恕其實是一種美德。

·9·

得理饒人，也是在為自己留條後路

人要能站到高處，往遠處看，便能理解別人，寬恕別人。如果我們能愛心永存，真誠待人，寬以待人，就能更多地贏得別人的好感、信賴和尊敬，就能好好地與周圍人和睦相處，就能在人生旅途中順利愉快前進。

古人云：「得饒人處且饒人。」這是一種寬容，一種博大的胸懷。

一位高僧受邀參加素宴。席間，發現在滿桌精緻的素菜中，有一盤菜裡竟然有一塊豬肉。高僧的隨從徒弟故意用筷子把肉翻出來，打算讓主人看到，沒想到高僧卻立刻用自己的筷子把肉掩蓋起來。一會兒，徒弟又把豬肉翻出來，高僧再度把肉遮蓋起來，並在徒弟的耳畔輕聲說：「如果你再把肉翻出來，我就把它吃掉！」徒弟聽到後再也不敢把肉再翻出來了。

宴後高僧辭別了主人。歸途中，徒弟不解地問：「師傅，剛才那廚子明明知道我們不吃葷的，為什麼把豬肉放到素菜中？我只是想讓主人知道後處罰處罰他。」

高僧說：「每個人都會犯錯，無論是有心還是無心。如果讓主人看到了菜中的豬肉，盛怒之下他很有可能當眾處罰廚師，甚至會把廚師辭退。這都不是我願意看見的，所以我寧願把肉吃下去。」

待人處事固然要「得理」，但絕對不可以「不饒人」。

每個人的價值觀、生活背景都不同，因此生活中出現分歧在所難免。大部分人一旦身陷鬥爭的漩渦，就不由自主地焦躁起來。一方面為了面子，一方面為了利益，因此一得了理便不饒人，非逼得對方鳴金收兵或投降不可。然而，「得理不饒人」雖然讓你吹響了勝利的號角，但這也是下一次爭鬥的前奏。因為，對方雖然戰敗了，但為了面子或利益他自然也要「討」回來。

一旦在日常生活中發生了分歧，你是寬容他，還是伺機報復？有句話叫「以牙還牙」，報復似乎更符合人的本能心理。但這樣做了，仇怨會越結越深，當真是「冤冤相報何時了」。如果你在切膚之痛後，採取別人難以想像的態度去寬容對方，表現出別人難以達到的襟懷，你的形象就會高大起來。你的寬宏大量、光明磊落就會使你的精神達到一個新的境界，你的人格將會映射出高尚的光彩。

人要能站到高處，往遠處想，便能理解別人，寬恕別人。當然，原諒和寬恕別人並不等於窩囊。只要是這虧吃在明處，那就是有意為之的高尚，也就沒氣可生。

電視裡，報紙上，經常可以看到消費者因在菜裡吃出蟲子，或在商場裡買到有雜質的食品，就提出高額賠償的報導。個別消費者一旦碰到這種情況就像中了大獎，得理不饒人，提出諸多無理的要求，要精神賠償費。是的，消費者是上帝，你應該得到一定的賠償。但你漫天要價、乘機敲詐、獅子大開口，那就是你的不對了。這只是金錢至上、唯錢是圖的表現。俗話說：「得饒人處且饒人。」你將情況向商場或飯店反映了，他們也賠禮道歉，給予一定的賠償了，那你也就該心平氣和地既往不咎。在日常生活中，切記留一點餘地給得罪你的人，給對方一個台階下，少講兩句，得理饒人。否則，不但消滅不了眼前的這個「敵人」，還會讓身邊更多的朋友疏遠你。

放對方一條生路，給對方一個台階下，為對方留點面子和立

足之地。這樣做並不是很難，而且如果能做到，還能給自己帶來很多好處。如果你得理不饒人，讓對方走投無路，就有可能激起對方「求生」的意志，而既然是「求生」，就有可能不擇手段，不顧後果，這將對你自己造成傷害。

放他一條生路，他便不會對你造成傷害。即使在別人理虧、你在理的情況下，放他一條生路，他也會心存感激，就算不如此，也不太可能與你為敵。

因為這是人的本性。況且，這個世界本來就很小，變化卻很大，若哪一天兩人再度狹路相逢，那時若他勢強而你勢弱，你想他會怎麼對待你呢？因此，得理饒人，也是為自己留條後路。

英國作家哈茲里特曾經說道：「在所有情況下，凡是我們對某種事物表示出極大的蔑視時，那就清楚地說明了我們是感到與它們處在十分接近的位階上。」因此，面對我們討厭的人，只需輕描淡寫地說幾句就行了，不必在言語或行為上和他們進行無謂的爭鬥。

所以說，得饒人處且饒人，你給別人留有餘地，將來別人也一定會給你留有餘地的。

·10·

器量大一點，生活才祥和

人的一生，要遇到很多不平事，如果面對每件事都生氣、煩惱、痛苦，那麼，還有什麼快樂而言呢？「寬容」正是我們面對這些不平、不公的事所應有的態度，只有如此，生活才會祥和、幸福。

清朝光緒年間，東閣大學士閻敬銘曾寫了一首《不氣歌》：

「他人氣我我不氣，我本無心他來氣。倘若生氣中他計，氣下病來無人替。請來醫生將病治，反說氣病治非易。氣之為害大可唯，誠恐因病將使廢。我今嘗過氣中味，不氣不氣真不氣。」

這首詩，以幽默、詼諧的語言，奉勸人們遇到別人的傷害、打擊或不公平、不如意的事情時，盡量想開一點兒，少生閒氣，少生悶氣，以免氣大傷身。

如果說日常生活中遇到摩擦、誤解，忍一忍，不生氣，這也不難；要是遇到有身家性命危險，也能不氣，也能忍讓嗎？遇到這種情況，不能一概地說應該不氣還是應該生氣、應該辯白，要視情況而定。如果條件許可，就忍下一口氣，代人受過，能救人一命，自己損失點名譽，雖然很難，但正因為難才更顯得可貴。

宋朝初年一位名叫高防的名士，由於父親戰死沙場，他從16歲就被澶州防禦使張從恩收養，後來做了軍中的判官。

　　有一次，一個名叫段洪進的軍校偷了軍中的木製家具，被人抓獲。張從恩見有人在軍中偷盜公物，不覺大怒。為嚴肅軍紀，下令要處死段洪進以警眾人。

　　為了活命的段洪進在情急之下編造謊言，說是高防指使他的。本來偷盜公物便不至於犯死罪，張從恩對段洪進的處理有些過頭，高防是準備為其說情、減罪的，但現在自己卻被他牽連，失去了說情的機會，還蒙上不白之冤，能不氣嗎？但轉念一想，軍校出此下策也是迫於無奈，想到憑自己與張從恩的私交，應承下來雖然自己的名譽會受損，但能救下軍校的性命也是值得的。

　　所以當張從恩問高防是否屬實時，高防就屈認了，結果軍校段洪進果然免於一死，可張從恩從此不再信任高防，並把高防「炒了魷魚」，打發他回家。高防也不做任何解釋，便辭別恩人獨自離開了。直到年底，張從恩的下屬徹底查清了事情真相，張從恩才明白高防是為了救段洪進一命，代人受過。從此張從恩更加信任高防，又專程派人把他請回軍營任職。

　　高防的這口氣可謂忍得大，忍得深。其一是忍屈認罪，犧牲了自己的名聲。其二是忍屈不辯，犧牲了為自己洗刷清白的機會。其三是忍苦不訴，丟掉了自己的飯碗，且又失去了恩人的信任，被攆回家。但為了救段洪進的性命，他硬是將這口氣深深地忍了下來，一般人會認為高防糊塗到了家，可他這器量實在叫人欽佩。也正因為他有超出常人的器量，硬是不氣不辯，所以一旦雲開霧散之後，高防不但沒有喪失自己的生存空間，反而獲得了更多人的尊重。所以，忍耐痛苦之極，卻能換來至極的甜蜜。

　　人的一生，要遇到很多不平事，如果面對每件事都生氣、煩惱、痛苦，那麼，還有什麼快樂可言呢？「不氣」正是我們面對

這些不平、不公的事所應有的態度，只有如此，生活才會祥和、幸
福。

·11·

寬容與關愛幫你累積人脈

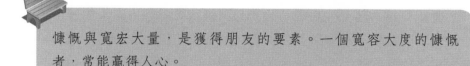

慷慨與寬宏大量，是獲得朋友的要素。一個寬容大度的慷慨者，常能贏得人心。

　　海納百川，靠的是寬容的心。做人做事，心胸不可太狹隘。尺有所短，寸有所長，金無足赤，人無完人，賞識別人的優點，包容別人的不足，靠的是有容人之量。為你的仇敵而怒火中燒，燒傷的只能是你自己。為他人著想，是為自己鋪路，寬容不是縱容，曉之以理，動之以情，考慮的是別人的自尊和承受度。善待別人，等於就是善待自己，無論生活受到怎樣的傷害，不必憤憤不平、耿耿於懷、懷恨在心。學會忘記，忘記是對自己的最好保護，學會感恩，感謝生活給你磨礪自己的機會，心靈充滿陽光，生活自然充滿燦爛。所以，人是感情動物，需要彼此互愛互助。生活中如果你能更和善寬容地待人，更無私地助人，那麼你就一定會獲得更多的友誼和支持。

　　人格優美、性情溫和的人，往往到處能得他人的歡迎，也能處處得到他人的扶助。有些商人雖然沒有雄厚的資本，卻能吸引很多顧客，他們的事業與那些資本雄厚但缺少吸引力的大企業相比，進展必定更為顯著。

　　在社交上，如果你能處處表現出助人與和善的精神，樂於助人，那麼就能使自己猶如磁石一般，吸引眾多的朋友。而一個只肯

為自己打算的人，到處會受人排擠。

慷慨與寬宏大量，也是獲得朋友的要素。一個寬容大度的慷慨者，常能贏得人心。

在社交上，還應說他人愛聽的話。在談話和做事過程中，要發揚他人的長處，而不去曝露他人的短處。那種習慣輕視他人、喜歡尋找他人缺點的人，是不可信賴的人，也不值得結交。

輕視與嫉妒他人往往是一個人心胸狹窄、思想不健全的表現，也是一個人思想淺薄與狹隘的表現，這種人非但不能認識他人的長處，更不能發現自己的短處。而有著健全的思想、對人寬宏大量的人，非但能夠認識他人的長處，更能發現自己的短處。

吸引他人最好的方法，就是要使自己對他人的事情很關心、很感興趣。但你不能虛假矯飾，你必須真誠地對別人關心、樂於幫助別人。

幫助別人也離不開技巧。對別人的幫助，要落到具體的行動上。幫助有兩種可能，一種可能是隨意而為，一種可能是一幫到底，做足人情。第一種幫助不能說它不是幫助。因為它也能給人帶來某種好處，但隨意而為的幫助不是真正的幫助，因為這種隨意的幫助在關鍵的時候總是沒用。第二種幫助才是真正的幫助，它能幫人徹底解決實際困難。

對於一個身陷絕境的窮人來說，一枚銅板的幫助，可能會使他握著這枚銅板忍受一下極度的飢餓，或許還能做出一番事業，開創自己富有的天下。對於一個迷途難返的浪子來說，一次促膝交心的幫助，可能會使他重建做人的尊嚴和自信，或許在懸崖勒馬之後，闖出自己美好的天地。

沒有比幫助這一善舉更能展現一個人寬廣的胸懷和慷慨的器度了。那些不肯幫助他人的人，總是太看重自己的得失，這樣的人目光中難免流露出麻木的神色，臉上浮現冷漠的神情，心中也會不時泛起一些陰暗的沉渣。別人的困難，他可以拿來當作自己自豪的

資本；別人的失敗，他可以化作安慰自己的笑料；別人伸出求救的手，他會冷冷推開；別人痛苦的呻吟，他會無動於衷。至於路見不平，他更不會拔刀相助，就是見死不救，他也許會有振振有辭的理由。眼中只有自己沒有別人，使這種人小氣到了連微薄的同情和點滴的給予都一毛不拔。

詩人說：「沒有人是一座孤島」。當你幫助別人時應注意：不要使對方覺得接受你的幫助是一種負擔。幫助要做得自然得體，也就是在當時對方或許無法強烈地感受到，但是日子越久越能體會到你對他的關心，能夠做到這一點是最理想的。幫助時要高高興興，不可以心不甘、情不願的。如果對方也是一個能為別人考慮的人，你為他幫忙的各種善意，絕不會像潑出去的水，難以回收，他一定會用別的方式來回報你。對於這種知恩圖報的人，應該常給予些幫助。

一個人如果只顧自己，只為自己打算，那麼就沒有吸引他人的磁力，就會使別人對他感到厭惡，也就沒有一個人喜歡與他結交往來。

一個真正對他人感興趣的人，便有吸引他人的力量。而對他人吸引力的大小，與其對他人所感興趣的程度成正比。怎樣才能對他人感興趣呢？主要是要能夠設身處地為他人著想，能夠推己及人，給他人以幫助。

要想獲得人脈，就要把我們內在的力量、我們的美德發揚出來。這樣，我們就自然會具有吸引他人的力量。

一個人要真正吸引他人，應該具有種種良好的德行，自私、卑鄙、嫉妒都不能贏得人心，非但不能贏得人心，還會處處不受人們的歡迎。

墨子說過這樣一句話：「愛人者，人必從而愛之，利人者，人必從而利之。」關愛是互惠的，你關愛越多，擁有的支持和幫助就越多。因此，累積人脈的祕訣就是：慷慨地幫助、關愛他人。

·12·

寬容小過失是人際交往的最高境界

人與人交往中，你應該盡量做一個豁達寬容的君子，寬厚的性情在人際交往中會讓對方感到安全，因此心懷寬廣、不記仇的人也容易獲得好人緣。

諺語說：「月過十五光明少，人到中年萬事和。」其中「和」字的確意味深長，它能容事容人，故可致樂致祥。人生本不必過於苛人苛己，得寬容處且寬容，何苦雙眉擰成繩，與人斤斤計較讓自己不開心呢？寬容不僅是人與人之間交往的一種藝術，也是立身的一種態度，更是一種人格的涵養。

春秋時秦穆公的一匹良馬被岐山下三百多個農民人偷偷宰殺吃了。秦國的官吏逮捕了他們，打算嚴加懲處。秦穆公卻說：「我不能因為一條牲畜就傷害我的百姓。聽說吃了良馬肉，如果不能喝酒就對身體有害。賞他們喝酒，然後全放了吧！」

後來，秦國和晉國在韓原交戰。這三百人聞訊後都奔赴戰場幫助秦軍。正巧看見穆公的戰車陷入重圍，形勢十分危急。這些農民便高舉武器，爭先恐後地衝上去與晉軍死戰，以報答穆公的食馬賞酒之德。晉軍的包圍被衝散，穆公因此而脫險。

秦穆公就因自己的寬容與愛護百姓挽回了自己的性命。容忍他

人的小過失，他們會以自己的一技之長來報答。林語堂就寬容而言有一句格言：「寬容是中國文化最偉大的品格，它也將成為成熟後的世界文化的最偉大的品格。」

儒家學說的精華就在於協調人際關係的藝術，寬容則是這種藝術重要的組成部分。而寬容在生活中的具體運用就是隨和。用孔子的話說便是：「毋意、毋固、毋必、毋我。」意思就是：這樣也好，那樣也罷，無可無不可，隨緣順勢。這種性情隨和之人，中國人稱之為「好好先生」。名氣最大的好好先生，恐怕首推後漢的司馬德操，他就是《三國演義》裡向劉備推薦諸葛亮的水鏡先生。司馬與人談話，美惡皆言「好」。有人問他：「安否？」他即答：「好。」有人向他訴說孩子死了，他答道：「大好。」其妻責備他說：「人以君有德，故此相告，何聞人子死，反亦言好？」他則答道：「卿之言亦大好。」據此「好好先生」傳於今天。司馬先生何嘗不能明辨是非得失，不過是不屑細究生活瑣事而已。人的隨和雖不必趨近司馬德操，但這點精神在人際交往時還是有益處的。

人與人相處總免不了有摩擦衝突，斤斤計較、心胸狹窄的人只會不斷與人發生矛盾。做人要寬容一點，一些小是小非就讓它過去，如此你才能成為受人喜愛的人。做人要寬容一點，要允許別人犯錯誤。你寬恕了別人，別人都會記在心裡，念著你的好，找機會報答你。如果你寬恕的人是一個不知道報答的人，那麼你不寬恕他，他肯定會執著於報復你。所以寬容總是更好的處世態度。

第五章

寬容就要從心開始

——心有多大，人生舞台就有多大

·1·

用豁達的心胸面對生活

在人生中，還有比成功和幸福更重要的東西，那就是凌駕於一切成功禍福之上的豁達胸懷！擁有了豁達的心胸，便擁有了寬容的智慧。

生活就像一塊巨大的調色板，既有絢麗奪目的色彩，也有黯淡的冷色，需要我們用熱情去勾勒著色，才能描繪出生活的繽紛世界。心情也會經歷四季，有豁達的心胸便有美麗的風景。

在日常生活中，有一些非常精明的人，他們處處要顯得比別人更加神機妙算，更加討巧投機；他們總在算計著別人，以為別人都不如他們聰明，而可以從中揩油，佔點便宜，好像他們這樣做就會過得比別人好。這種人功利心太重，把功利當作人際關係的首要，他們日子過得很累、很緊張，過得很缺乏樂趣。

太精明的人的確過得很累。他們算計著別人，佔別人的便宜，同時總是懷疑別人也在算計他們自己，也可能要侵佔他們的利益，因此，他們必須處處提防，時時警惕，小心翼翼過日子。別人很隨意說的一句話，做的一件事，也許什麼目的也沒有，但過於精明者就會在心裡受到刺激，晚上回到家裡，躺在床上也要細細琢磨，生怕別人有什麼謀劃會使他們自己吃虧。這樣，他們在處理人際關係上就顯得不誠實、不大方，甚至很做作。我們碰到的許多生活中的精明者，性情都不開朗，神經都相當敏感，為人都相當猥瑣。這恐

怕和他們過日子那種緊張感有直接的關係。

　　其實，真正聰明的人知道，做人不必太精明。這是指一般的生活以及平常的人際關係。生活畢竟不全如商場那樣明爭暗鬥、殺機四伏，總需要些溫情和睦、非功利的關係，因此也就沒有必要過於斤斤計較、精打細算，反倒是隨遇而安的好。

　　的確，過日子有時需要精打細算，才能把日子安排得既合理，又過得舒服。同樣的收入，糊塗人過得就和精明人過得不一樣。但是，過於精明，處處顯得精明，甚至在人際關係中也玩這一套，就顯得失當了。這樣的人很難和人打好關係，很難討人喜歡。所以，即使他們在物質上比別人多享受點兒，但精神上付出的代價則更大。要是真精明，就得算算這筆賬。

　　一個人要把日子過得舒服，單靠東撈一點兒、西佔一點兒，靠算計別人是徒勞的。我們日子過得輕鬆愉快，很大程度上要靠真誠、信賴、友好，碰到難處互相幫助，有了好處大家享受。這就要求我們每一個人都不必太精明，不必擔心自己會失掉些什麼。大家相互謙讓，互相貢獻，相互讓利，關係融洽和睦了，比什麼都好。不太精明的人容易和大家成為朋友，就因為大家可以正常相處，少有功利，多有溫情，不必處處抱持戒心，才有安全感。太精明的同事或朋友總讓人覺得不可靠。人們需要周圍的人聰明、機智，但不要太精明。

　　古人提出了「難得糊塗」的處世哲學，我們可以不太精明，但應有智慧。在生活中，許多人並非真的糊裡糊塗過日子，而是不想為過於精明所累。其間是因為有智慧。一個聰明人不會患得患失，也不會囿於世俗中的雞毛蒜皮之事而無法自拔，這樣的人心胸開闊，為人豁達，日子過得有意思、有價值。

　　在日常生活中，當自己的利益和別人的利益發生衝突，友誼和利益不可兼得時，首先要考慮捨利取義，寧願自己吃一點虧。

　　一個人，對於事業上的失敗，能自認這方面的錯誤，就能讓人

感德；在有成就時，能讓功於他人，就能讓人感恩。老子說：「事業成功了而不能居功。」不僅讓功要這樣，對待善也要讓善，對待得也要讓得。凡是壞處就歸於自己，好處都歸於他人。他人得到名，我得他這個人；他人得到利，我得到他這個心。二者之間，輕重怎樣？明眼人一看，就知道分寸了。

讓人為上，吃虧是福。所以曾國藩說：「敬以持躬，讓以待人。敬，就要小心翼翼，事情不分大小，都不敢忽視。讓，就要什麼事都留有餘地，有功不獨居，有錯不推諉。念念不忘這兩句話，就能長期履行大任，福祉無量。」

從另一個角度來看，一輩子不吃虧的人是沒有的，問題在於我們如何看待「吃虧」。

人際關係中，無法做到絕對公平的，總是要有人承受不公平，要吃虧。倘若人們強求世上任何事物都公平合理，那麼，所有生物連一天都無法生存——鳥兒就不能吃蟲子，蟲子就不能吃樹葉，世界就得照顧萬物各自的利益。

既然吃虧有時是無法避免的，那何必要去計較不休、自我折磨呢？事實上，人與人之間總是有所不同的。別人的境遇如果比你好，那無論如何怎樣抱怨也無濟於事。最明智的態度就是避免提及別人，避免與人比較這、比較那。而你應該將注意力放在自己身上，「他能做，我也可以做」，以這種寬容的姿態去看待所謂的「不公平」，你就會有一種好的心境，好心境也是生產力，是創造未來的一個重要保證。

將要取之，必先予之，這也是一種高明的處世方法。舉凡做領導者的，都喜歡做事認真、不斤斤計較個人得失的部下。要取得他們的信任，首先你自己要付出巨大的努力。

凡是領導者交給你的工作，都要盡最大力量去完成，爭取每一件事都做得漂漂亮亮。對待個人利益一定要以大局為重，不去斤斤計較。遇到一些非原則性的小事，儘管自己覺得委屈，也不要去向

你的上司抱怨，以免與他們產生對立情緒。這樣就會讓他們覺得欠你的太多，在需要的時候，他們必然首先想到你。常言說「吃虧是福」，就是這個道理。

·2·

寬容從心開始

> 寬容的心，簡單地說，就是接受別人原來的樣子。富有寬容心的人，多能看到別人的優點，很少看到別人的缺點。對別人的評估，正面價值多於負面價值，鼓勵多於責難。

　　生活中有的人特別喜歡強調和注意別人身上的缺陷，他們似乎以找出別人的錯誤為樂趣，並以此達到自我滿足，常常表現為商業夥伴相互拆台。然而，這種尋找樂趣的方式代價太高，因為這會漸漸抹殺一個人的寬容心。而成就大事者卻不是這樣，他們總能化敵為友，把不利的形勢變成有利的利勢，並結合成一個強大的一致對外的聯盟。

　　什麼樣才算有寬容的心呢？

　　寬容的心，簡單地說，就是接受他人真實的樣子。富有寬容心的人，多能看到別人的優點，很少看到別人的缺點。對別人的評估，正面價值多於負面價值，鼓勵多於責難。然而奇怪的是，愈來愈多的人總是期望別人從不犯錯。在他們心裡已將自己的雇員或朋友塑造成理想的完美形象。因此，只要朋友犯錯，或行為不理想，那麼他們心中那個「完美的形象」就粉碎了，他們就一定會生氣和失望，彼此開始互相猜忌，自我意識強烈，不為對方著想，專愛挑毛病，漸漸摧毀了他們的未來。

　　對於注重數字的猶太人來說，判斷一個人好壞與否的分數是64

分。一般說來，學校計算成績時，以100分為滿分。故猶太人對神及完美的要求為100，而對於人，按照猶太人的78：22法則，78的78％約為64，故猶太人僅以64分作為評判人的標準。

猶太人雖然2000多年來流離失所，痛失家園，但他們也有自己的生活信條，那就是猶太教。猶太人宛如基督徒一般，對自己的宗教頂禮膜拜，因此猶太拉比在猶太人的觀念中是神聖而偉大的，猶太人之間發生的任何爭執，最後都由拉比來裁決。拉比的裁判無論公平與否，猶太人都會絕對服從，不服從拉比裁決的人，會被猶太人逐出猶太社會。

猶太拉比具有如此的權威，按理說，一旦出現了失誤或犯了罪，猶太人大概是永遠不會原諒他們吧？答案卻出乎很多人意料。

有一次，紐約破獲一起重大走私案，檢舉出一位將鑽石藏在牙膏內的拉比。按普通觀念來說，這種行為簡直是對猶太教的玷污，猶太人一定不會放過他。在日本，假如高僧做了這種勾當，他的信徒一定會放火燒掉寺院。然而，猶太人對這種事情的反應卻極為冷淡：「拉比也是人，人難免犯錯，有什麼好大驚小怪的。」總之，對於他人，猶太人總是持寬容的態度。猶太人給自己定下了613條戒律，而為了和非猶太人和平共處，僅對他們提出7條各個民族都通用的約束。

寬容的人，永遠是心態平和的人，他們看世界萬物就像是祖母看著調皮的孫子一樣，眼神不禁流露出一種慈愛、關切。但是很可惜，要是超過了某個限度，一般的人就開始叫苦不迭，甚至咒罵起來了。所以，在沒有包容氛圍的環境下，人們彼此看誰都不順眼，除了自己誰都是白癡，自己的所作所為怎麼想怎麼有理，而別人的行為簡直就是無理取鬧。於是乎，大家就冷眼相見，雖然表面上嘻嘻哈哈，但背後卻嘲笑對方是沒有頭腦的豬。如果在其中加點利益

衝突，其結果更不可想像，不用指望會用什麼斯文了事，沒有刀光劍影已屬萬幸。

寬容作為一種修養，是非經過艱苦的修身養性而不可得的。因為要做到寬容，那就應該既寬容善美，也包容污垢。但是後者對很多人來說不可想像，因為在人們的印象中，污垢只能是被消滅掉。但是，如果世界是善惡分明的話，那就根本不會有這麼多是非了。

讀過莎士比亞《威尼斯商人》的讀者可能對裡面那位高利貸商人夏洛克記憶猶新。在文人筆下，猶太人被醜化成了一個充滿仇恨，有仇必報的民族。其實，這是對猶太人的一種誤解。長期以來，猶太人慘遭迫害乃至屠殺的歷史可謂血淚斑斑，卻沒有寫任何一本控訴怨恨的文獻典籍，那是因為猶太人大多不會耿耿於懷。

寬容的最高境界不是壓抑內心的厭煩勉強忍耐，而是做到無欲無我。寬容是那種真智慧的心靈自然而然地顯現，沒有半點做作和勉強，所以老子說「上善若水」，如果一個人能像水那樣，含污而不失本色，甘願居卑地而處，那大概就是聖人了。

也許成大事者就符合了聖人之言，他們即使財物被竊，也絕對不會去懲罰竊賊。他們寧可關心如何索回失竊的財物，卻無意針對竊賊施予報復，倘若錢財討不回來，那麼就拿對方的汽車、手錶作為補償，但絕不會要求對方以手腕或心臟之類的東西來抵賬，因為成大事者很清楚那是沒有用的東西。

有一句話說得好：「人類本是四海一家，屬於一個整體，所以不能因為自己右手做事的時候割傷了左手，左手就反過來割右手以做報復。」只有寬容才能有效地把兩隻手握在一起，形成拳頭。

·3·

低調做人，高調做事

做人要低調，但不能有奴性。不卑不亢，以禮待人，以理服
人。人與人之間的彼此尊重是一種修養、一種品格，只有互相
尊重、互相景仰，才能互換愛心。

　　低調做人既是一種姿態，也是一種風度、一種修養、一種品
格、一種智慧、一種謀略、一種胸襟。高調做事是一種境界，是做
事的尺度。

　　古語說得好：「靜坐常思己過，閒談莫論人非。」前者是自
身的一種反省，後者則是為人處世的一條金科玉律。有個道理我
們應該明白，就是在你貶談別人的同時，也是在褻瀆自己。網路小
說《你以為你是誰啊》中寫道：「你不就是手裡有點權，兜裡有點
錢，嘴裡還能跑艘船嘛，你以為你是誰啊？」是啊，你以為你是誰
啊？我們的現實生活中，有些芝麻大的小官就不知道自己姓什麼
了，大有「天老大他（她）老二」的架勢；也有的什麼明星，自以
為自己夠「星級」了，便對一切都不屑一顧了，展示出「狗眼看人
低」的一副姿態；也有的人在某方面有了一點成績，就把自己當成
太陽，別人都得圍著他（她）轉，大有「唯我獨尊」的自滿心態。
為人切記：一個人自以為是，可悲；一個人自作聰明，可惡！

　　做人，不要自己什麼都不是，反而去對別人指手畫腳。實際上
我們清楚地知道，越是什麼也不是的人，才會對別人指手畫腳。孟

子曰：「人之患，在好為人師。」喜歡教導別人的人，往往自以為是，自以為有學問，自以為正確，一副高高在上的派頭。有一句話說「自信方能自強」，不假，人必須有自信，但過分自信就成了自大、自驕、自傲，而忘記了學習、謹慎、前進。這樣的人，你想讓他們低調，他們也低調不下來。因為低調做人是有前提的，這個前提是：自身要有能力，有足夠的修養和內涵。沒有能力、修養和內涵的人，如何低調？

　　美國開國元勳之一的富蘭克林年輕時去一位老前輩的家中做客，昂首挺胸走進一座低矮的小茅屋，一進門，「嘭」的一聲，他的額頭撞在門框上，青腫了一大塊。老前輩笑著出來迎接說：「很痛吧？你知道嗎？這是你今天來拜訪我最大的收穫。一個人要想洞明世事，練達人情，就必須時刻記住低頭。」富蘭克林記住了，也就成功了。德國著名哲學家尼采說：「人不過是一把泥土。」人啊，低調一點，踏實一些，別太猖狂。

　　處於多元化的今天，我們每個人都是普通得不能再普通的普通人，社會多你一個不多，少你一個不少，所以不要把自己想像得太高。做人，沒有知識，就得有常識；若沒有常識，怎麼也得懂得一點兒掩飾。如果你沒有知識，再沒有常識，還不懂得最基本的一點掩飾，還總盛氣凌人，恃才傲物，如此下去，你人生的終點就要到了。低調做人，時刻要記住：地球沒了誰都照樣轉！別把自己太當一回事，把自己抬得過高。有句話說得好：「爬得高摔得狠」，人生要記住的是：「寧拜人為師，勿好為人師。」

　　做人要低調，但不能有奴性。不卑不亢，以禮待人，以理服人。人與人之間的彼此尊重是一種修養、一種品格，只有互相尊重、互相景仰，才能互換愛心。然而現實生活中，適度地保持一分靜思、一分沉默，用更多的時間來令自己在混亂不安的塵世間保持

清醒，乃修身養性之習。我們每個人都應該客觀地認識世界，認識自己。自命不凡、恃才傲物的人，也許有一點點能力或者說叫本事，但大千世界，茫茫人海，每個人不過是一片浮萍，一個人的一點本事是微不足道的。因而，做人不要自大、自傲、自以為是。老老實實做人，踏踏實實做事，應該算是一種可以稱道的修養吧！

人來一世，無外乎兩件事：一件是做人，一件是做事。做人之難，難於從躁動的情緒和欲望中穩定心態，也是一種公關策略，更多的是追求成事，而在人事方面保持低調或中立，實際上也是達到中庸的境界。成事之難，難於從紛亂的矛盾和利益的交織中理出頭緒。而最能促進自己、發展自己和成就自己的人生之道便是：低調做人，高調做事。居高堂之位，懷凡人之心。老子說：「夫唯不爭，故天下莫能與之爭。」這句話的意思是，正因為不與人相爭，所以遍天下沒人能與他相爭。這算得上是一個充滿大智慧的做人與做事的哲學。細思先人古訓，讓我們深深地體會到了一個做人的道理：言語謙和好處世，行為低調好做人！

人在旅途，必須時時叮囑自己，才高不自詡，位高不自傲。做人，要以德為師、以誠為根、以善為貴；做事，要以謀為基、以實為重、以智為要；做官，要以民為本、以正為先、以紀為則。低調做人是一種更成熟的智慧，能顯示出謙虛、持久的做人品德，更是平淡人生真實生活的反映。做人要仰不怍於天，俯不愧於人，低處修心，高處成事，以平常的心態把人做好，把事做好。低調做人，高調做事是一門精深的學問，也是一門高深的藝術，遵循此理能使我們獲得一片廣闊的天地，成就一份完美的事業，更重要的是我們能贏得一個涵蘊厚重、豐富充實的人生。古人云：「欲成事先成人。」這也是一生做人做事的準則。

·4·

讓人一步，心界更寬

> 寬容的退讓能使人性格變和藹，使心靈有轉折退讓的餘地，能化干戈為玉帛，能簡化複雜的人際關係。

　　人生之所以多煩惱，皆因遇事不肯讓他人一步，總覺得嚥不下這口氣。其實，這是很愚蠢的做法。讓人一步不是懦弱，而是一種風度和智慧。

　　「善於放棄」是一種境界，是歷盡跌宕起伏之後對世俗的一種輕視，是飽經人間滄桑之後對世事的一種感悟，是運籌帷幄、成竹在胸、充滿自信的一種流露。人只有在對世事瞭若指掌之後才會懂得放棄並善於放棄，只有在懂得並善於放棄之後才具有大成之思、大家之風。

　　楊玢是宋朝尚書，年紀大了便退休在家，安度晚年。他家住宅寬敞、舒適，家族人丁興旺。有一天，他坐在書桌旁，正要拿起《莊子》來讀，他的幾個侄子跑進來，大聲說：「不好了，我們家的舊宅被鄰居侵佔了一大半，絕對不能饒過他！」

　　楊玢聽後，問：「不要急，慢慢說，鄰居侵佔了我們家的舊宅地？」

　　「是的。」侄子回答。

　　楊玢又問：「鄰居家的宅子大還是我們家的宅子大？」

侄子們不知其意，說：「當然是我們家宅子大。」

　　楊玢又問：「那麼鄰居佔些舊宅地，於我們有何影響？」

　　侄子們說：「沒有什麼大影響，雖無影響，但他不講理，就不應該放過他！」楊玢笑了。

　　過了一會兒，楊玢指著窗外落葉，問他們：「樹葉長在樹上時，那枝條是屬於它們的，秋天樹葉枯黃了落在地上，這時樹葉怎麼想？」侄子們不明其意。楊玢乾脆說：「我這麼大歲數，總有一天要死的，你們也有老的一天，也有要死的一天，爭那一點點宅地對你有什麼用？」侄子們明白了楊玢講的道理，說：「我們原本要告他的，狀子都寫好了。」

　　侄子呈上狀子，他看後，拿起筆在狀子上寫了四句話：「四鄰侵我我從伊，畢竟須思未有時。試上含光殿基望，秋風秋草正離離。」

　　寫罷，他再次對侄子們說：「我的意思是在私利上看透一些，遇事都要退一步，不要斤斤計較。」

　　人的一生，不可能事事如意、樣樣順心，生活的路上總有挫折與阻礙。你的奮鬥、你的付出，也許沒有預期的回報；你的理想、你的目標，也許永遠難以實現。如果抱著一份懷才不遇之心憤憤不平，如果抱著一腔委屈怨天尤人，難免讓自己心態扭曲、心力交瘁。

　　生活在凡塵俗世，難免與人產生衝突，難免被人誤會猜疑。你的一念之差、你的一時之言，也許別人加以放大和責難，你的認真、你的真誠，也許會遭到別人的誤解和中傷。如果非得以牙還牙拚個你死我活，如果非得為自己辯駁澄清，必然導致兩敗俱傷。

　　適時地嚥下一口氣，讓別人一步；瀟灑地甩甩頭髮，悠然地輕輕一笑，甩去煩惱，笑去恩怨。你會發現，天依然很藍，人生依然很美好，生活依然很快樂。寬容的退讓能使人性格變和藹，使心靈有轉折退讓的餘地，能化干戈為玉帛，能簡化複雜的人際關係。

·5·

以寬容豁達的心態去把握生活

心存豁達與寬容，以寬容豁達的心態去過好生活，用寬容豁達的心態去回報社會，我們的生活便會顯出更多的善意和愛心，我們的社會便會增添更多的和諧和公正。

　　人生是很短暫的，不過百年的時間。與其悲悲戚戚、鬱鬱寡歡地過，倒不如痛痛快快、瀟瀟灑灑地活。可人生一世，那麼多的風風雨雨、坎坎坷坷，怎樣才能活得瀟灑自如，神采奕奕？用智慧的心去體會，豁達才是人生的奧祕。

　　豁達是一種超脫，是自我精神的解放。人要是成天被名利纏牢，得失算得精明，看見樹葉掉下來就傷春悲秋，那還豁達什麼？豁達就要有點豪氣，乍暖還寒尋常事，淡妝濃抹總相宜。凡事到了「淡」，就到了最高境界，天高雲淡，一片光明。人肯定要有追求，追求是一回事，結果是一回事。你就記住一句話：事物的發生發展都必須符合時空條件，有「時」無「空」，有「空」無「時」都不行，那你就得認命。人活得累，是心累，常嘮叨這幾句話就會輕鬆得多：「功名利祿四道牆，人人翻滾跑得忙；若是你能看得穿，一生快活不嫌長。」

　　豁達是一種寬容。恢弘大度，胸無芥蒂，肚大能容，吐納百川。蜚短流長怎麼樣，黑雲壓頂又怎麼樣？心中自有一束不滅的陽光。以風清月明的態度，從從容容地對待一切，待到廓清雲霧，必

定是柳暗花明。

豁達是一種開朗。豁達的人心大、心寬，悲愁痛苦的情緒都在嬉笑怒罵、大喊大叫中撕個粉碎。你說，世界上的事都公平？不公平的事有的是，你能讓它都公平？我們要按生活本來的面目看生活，而不是按著自己的意願看生活。風和日麗，你要欣賞，光怪陸離，你也要品嚐，這才自然，你就不會有太多牢騷，太多的不平。「月有陰晴圓缺」對誰都一樣，「十年河東，十年河西」，一切都會隨著時間的推移而變化。陰陽對峙，此消彼長，升降出入，這就是生機，拿這大宇宙看你這個小宇宙，你能超越得了？

豁達是一種自信。人要是沒有精神支撐，剩下的就是一具皮囊。人的這種精神就是自信，自信就是力量，自信給人智勇，自信可以使人消除煩惱，自信可以使人擺脫困境，有了自信，就充滿了光明。豁達的人，必是一條敢做也敢為的漢子，那種佝僂著腰桿，委曲求全的君子，絕不是自家兄弟。

豁達不是李逵式的自我流露，豁達是一種修養、一種理念，是一種至高的精神境界，說到底是對待人世的態度。蘇東坡一生顛沛流離，卻是「猝然臨之而不驚，無故加之而不怒」。一些偉人的跌宕起伏，對於人生的種種不平、不幸，都以其博大胸襟和知識學問所涵蓋，都被由善良、忠直、道義所孕育的不屈不撓的生命力所戰勝！

我國有句古訓：「欲樂，莫過於善。」這裡的善就包含了寬容和豁達的意思。寬容和豁達是聯繫社會的金鍊，只有寬容，才能讓所有的人和諧共處。

感受豁達與寬容，自有一片自由的天地任你馳騁。當然，寬容豁達並不等於逃避現實、麻木不仁，也不是看破紅塵後的精神頹廢和消極遁世，而是在奔向人生大目標途中所採取的一種灑脫、飄逸的生活態度。社會是一個集體，生活像一條河流，心存豁達與寬容，以寬容豁達的心態去把握生活，用寬容豁達的心態去回報社

學會寬容

會，我們的生活便會顯出更多的善意和愛心，我們的社會便會增添更多的和諧和公正。

176

·6·

有了寬容博愛之心，就能包容一切

> 博愛能讓世界充滿愛，博愛使我們視野開闊，使我們心境平和，使我們寬容大度，使我們能在更廣闊的境界裡播種成功。

我們做人要有「宰相肚裡能撐船」這樣博大的胸懷和曠達的器度，不要因為一點兒小事就與人斤斤計較或是滿腹仇恨。有人會說，寬容別人那就是讓自己吃虧，不給讓自己痛苦的人一些教訓，只會展現自己的軟弱。事實上，寬容別人恰恰會表現出一個人高尚的品德，一個能寬容仇人的人，才是真正擁有智慧與勇氣的人。金無足赤，人無完人，誰不曾犯過一點錯誤呢？寬容也能讓自己擺脫仇恨的束縛，使緊張的心情放鬆。如果一個人終日生活在埋怨、責怪、憤怒當中，那麼他不僅得不到本應屬於他的快樂、幸福，甚至會讓自己變得冷漠、無情和殘酷，從而使自己處於無限孤獨與痛苦的境地。

有人說，做到真正的寬容很難。寬容之難，難在沒有博愛之心！

德蕾莎以一介普通修女的身分卻獲得了全世界的尊敬和愛戴。當她去世的時候，身上蓋的是印度國旗，印度為之舉行國葬，印度總理跪在她的棺前，為她送行，而她只不過是一個普通的塞爾維亞人。

希特勒作為一代梟雄，又是一國的最高統帥，本應成為一位受

愛戴的人物，然而，他野心勃勃，為了滿足自己的私欲，不惜掀起一場世界性的災難，成為遺臭萬年的代表。

同樣是人，為什麼希特勒和德蕾莎有這樣巨大的差異呢？說起來很簡單，就兩個字——寬容。

在希特勒領導下的第三帝國期間，實行種族滅絕政策，在德國及其佔領國領土上大量建造死亡集中營，猶太人以及其他人種遭到了大屠殺。根據粗略估計，其間總共有約600萬猶太人、數千萬其他人種因希特勒的種族滅絕政策而慘遭殺害。希特勒在做人方面顯然沒有器量，他不能容忍其他種族的生存，不能容忍其他國家的存在，他不斷地增加自己的敵人，在對手逐漸累積的同時，他的生存空間也在不斷地縮小，直至最終消亡。

而德蕾莎則不同。她是博愛的化身，是寬厚的天使，她全部生命的意義只有愛，愛每一個人，幫助每一個可以幫助的人。

德蕾莎修女很早就確立了「為窮人中的窮人服務」的思想，她去印度後，就一直不穿鞋，當有人問她為何如此時，德蕾莎說：「我服務的印度大眾都太苦了，他們很多人都沒有鞋穿，我如果穿上鞋，就跟他們的距離差得太遠了。」

戴安娜王妃訪問印度時，曾經親自去拜訪德蕾莎修女，她發現德蕾莎修女的腳上沒有穿鞋，而她自己的腳上卻穿了一雙白色的高跟鞋。事後她跟別人講了這麼一句話：「我跟她握手時發現她沒有穿鞋，再看看我自己，真羞愧呀！」

後來，南斯拉夫爆發科索夫內戰，看到因戰爭而受難的民眾，德蕾莎無比心痛，她去拜託戰爭的指揮官，請他們停火，讓戰區裡那些可憐的女人跟小孩都逃出來。指揮官很無奈，他說他也想停火，對方不停，沒辦法。德蕾莎說：「那麼我去和對方協商。」

當德蕾莎走進戰區的消息傳出，雙方立刻停火了，她把一些可憐的女人跟小孩帶走後，兩邊又打了起來。

聯合國祕書長安南聽到這則消息後，嘆了口氣說：「這件事連我也做不到。」其實，在此之前，聯合國調停了好幾次，南斯拉夫的內戰卻始終沒有停止。

　　德蕾莎修女有什麼強力武器？仔細看來，只有寬容，她以博愛的精神包容了整個世界，也包容了被遺棄的貧窮、災難。在她寬廣宏大的內心世界面前，整個世界都屈服了，美麗的人不再認為自己美麗，有權威的人不再認為自己權力無限。這就是寬厚博愛的魅力，這就是包容的魅力。

　　做人，要贏得別人的尊重，要享受別人的愛戴，沒有可以包容整個世界的仁愛，沒有可以包容整個人類的博愛，就難以達成所願。相反，一個人若是有了博愛之心，那麼他一定會很滿足、很幸福，因為博愛可以使人寬容、平和、善良、大度，而很少會忌恨別人。他會悲天憫人，他會包容一切，這樣也就包容了自己。《悲慘世界》的主人翁尚萬強，他的命運那麼悲慘，可他卻是那麼善良仁慈，最終感化了一心一意要抓他的員警——沙威。

　　可是，我們很多人總是差那麼一點，心量不大，器度不廣。對他人難以有包容之心，也就無法做出博愛之舉。其實，這在一定程度上限定了自己的境界，局限了自己的眼界，讓人總是以自我為中心，如此不但人際關係難以通達，就連自我也難以進步。

　　博愛，首先應該愛自己身邊的人，哪怕是陌生人，用你微薄的力量為他人帶去一點溫暖，帶去一點方便。人際關係的複雜就在於一個人很難在對待陌生人的時候做到像對待自己親人那樣。有很多時候，人與人之間的衝突或矛盾並不是不可調和的，如果你能夠像對待自己的親人一樣對待你身邊的陌生人的話，這就是最簡單意義上的博愛了。只有能夠做到博愛，人才能夠體會到包容的真正內涵，才能體會到自身境界的廣博。

　　世界的和諧需要博愛，人類的文明需要包容，個人的進步和成

功更離不開對別人的理解和關愛。理解是愛的基礎，包容使愛更加溫暖。

　　擁有一顆寬厚博愛之心，拋開仇恨這個困擾，就能擁有別人對自己的信賴與敬仰。

·7·

讓生命之舟輕載

> 倘若我們懷著一顆包容的心，懂得發現對方的長處，並且能夠揚長避短，我們的生活一定會變得更加輕鬆愉快和豐富多彩。

　　包容是一門學問，學會包容的人，就學會了生活；懂得包容的人，就懂得了快樂！就會讓生命之舟輕載。這門學問來自於我們的內心。包容只有兩個字，卻是一個無比寬廣的境界！

　　綻放的紫羅蘭忽然遭遇了粗魯的踐踏，然而，它卻將芬芳留在了那雙腳上，這就是包容。相對於芬芳來說，紫羅蘭的豁達寬容留給人們的記憶更長久。每個生命都可能會遭遇不可測的挫折，然而，我們中的很多人是怎樣面對這樣的命運安排呢？

　　包容生命，就要珍惜生命。生命對於每個人只有一次，這誰都知道，但人們往往在愉快地接受生命的同時，卻不願意接受生命的附屬品——命運。生命和命運就像是水杯和水之間的關係，水杯容納下水，水才能被人們把握利用，展現出它的價值所在。而命運也是一樣，只有在生命存在的前提下，它才可能有意義；也因為有了生命的容納，它才可能被人們掌握控制，重新安排精彩的人生進程，展現出生命的價值。

　　生命如流星般在塵世轉瞬即逝，擁有生命，卻不懂得如何去包容生命、包容命運是可悲的。不管處在多麼危機四伏、險象環生的境地，即便是處在人生的岔路口及轉彎處，我們都應當時刻提醒自

己：「我還活著，這是多麼幸福的事。」

生命的和諧需要包容，每種生活都免不了苦難，難以忍受，也就難以享受。

在巴比倫花園那道因歷經戰火摧殘而殘破不堪的牆上刻著一首詩：

多謝命運的寵愛與詛咒，
我已不知道我是誰，
我不知道我是天使還是魔鬼，
是強大還是弱小，
是英雄還是無賴，
如果你以人類的名義將我毀滅，
我只會無奈地叩謝命運的眷顧。

世界上的一切，還有什麼不能包容呢？縱然是傷害、折磨、痛苦，那不過是過眼雲煙，你不看重它，它也就沒有能力來打敗你。

面對苦難，我們要用包容之心來面對它，用勇敢的態度與它抗爭，如此，生命才不至全然黯淡，不僅自己能如滄海巫山，淡看歲月如流，甚至也能喚起他人麻木的心志，背負起全人類的精神責任。這就是包容更高的境界。

包容苦難，包容你所遭遇的，你就會感到生命道路上困難固然有，但更多的是花香；荊棘固然在，但更多的是盛放的玫瑰。在不斷的磨礪中成長，在風吹雨打的荷塘裡守望自己的盛夏，這就是對包容的最好詮釋。

包容確實是一門精深的藝術，只有領略到了其中的滋味，行包容他人之舉，真正地擁有那份廣闊的心胸、那份坦然、那份自然，才是活出了真正的人生！

$\cdot 8 \cdot$

放大承受的胸懷，才能容納一切

> 放大承受的胸懷是生命的一種需要和方式。生活給予了我們很多東西，包括好的和不好的。生活在社會中的我們必需要有所包容，那就是包容我們需要承受的東西。

有人說：「地球上最寬闊的是海洋，比海洋還寬闊的是天空，比天空還要寬闊的是人的胸懷！」既然上天給了我們一顆能容納世界的心和無邊的胸懷，我們為什麼要把我們的承受力用一只小杯子裝起來呢？打開心靈的窗戶，放大你承受的容積，讓痛苦、悲傷、不幸變淡，甚至變無。寬容會讓你的世界更快樂、美好！大地承受不住的東西，胸懷可以容納。

人類本質上的沉重感主要來源於責任、期盼和壓力。放大承受的胸懷是生命的一種需要和方式。生活給予了我們很多東西，包括好的和不好的。生活在社會中的我們必需要有所包容，那就是包容我們需要承受的東西。

面對生活，我們需要包容，需要承受，只有承受。承受是一種力量和器度，是一種坦然的接納和始終清醒的生命理念，包容是為實現自我的一種收斂，是為尋求進發所做的自我蓄積。

印度有一個師父對徒弟不停的抱怨感到非常厭煩，於是有一天早上派徒弟去取一些鹽回來。

當徒弟很不情願地把鹽取回來後，師父讓徒弟把鹽倒進水杯裡喝下去，然後問他味道如何。

徒弟吐了出來，說：「很鹹。」

師父笑著讓徒弟帶著一些鹽和自己一起去湖邊。

他們一路上沒有說話。

來到湖邊後，師父讓徒弟把鹽撒進湖水裡，然後對徒弟說：「現在你喝點兒湖水。」

徒弟喝了口湖水。師傅問：「有什麼味道？」

徒弟回答：「很清涼。」

師父問：「嘗到鹹味了嗎？」

徒弟說：「沒有。」

然後，師父坐在這個總愛怨天尤人的徒弟身邊，握著他的手說：「我們承受痛苦的容積的大小決定痛苦的程度。所以，當你感到痛苦的時候，就把你所能承受的容積放大些，不是一杯水，而是一座湖。」

我們要去包容人生變故中的各種打擊，我們要去包容風霜雨雪。對人生的幸福和苦難而言，沒有超越自我的氣概和內視自守的精神與品格，就不會在苦難的脅迫下保持一個談笑自如的自我；沒有對世情的徹悟和灑脫的生命情懷，也就不會在幸福的裹挾下保持一個恬淡平和的心境。

一個真正能迎接和承受各種人生際遇和挑戰的人，絕不是器量狹小的平庸之徒，他可能會憂鬱，但靈魂的天空不會烏雲密布；他也許會興奮，但熱淚盈盈中他不會因此迷失方向。因為他能包容對方，承受住自己。

坐井觀天的爭鬥只有一個結果，就是故步自封。當我們擁有並且放大了承受的胸懷，我們就能發現一個全新的世界。去包容，去承受，是人生苦澀而美麗的一番心境，放大承受的胸懷是一種境

界，我們要放大承受的胸懷，去包容生活的各種不平，從而顯示我們張揚、深厚、博大的人格魅力。

·9·

心胸寬大，才能容人

一個人的胸懷能容下多少人，就能贏得多少人的尊重和喜愛。智者總會用包容這把智慧之劍去斬斷冤冤相報這扯不完的長線，用宏大的胸懷去感受那一笑泯恩仇的快樂。

包容的前提是寬廣的胸懷。心胸寬大不僅能產生和諧，還能產生強大的凝聚力。

在我們日常生活中，人與人之間難免出現矛盾，別人也許在無意間傷害了我們，如果不是原則問題，我們要試著以包容的心去原諒對方。心胸寬大，才能容人，真正的聰明人會用寬大的胸懷去包容別人，還會用柔中帶剛的方法妥善解決矛盾，這是人生難得的大智慧。

人與人之間發生矛盾，可能是由於認知不同或者是由於一時的誤解造成的，如果我們有足夠包容的度量，以諒解的態度去對待別人，就可以贏得尊重，也會讓彼此的矛盾得到緩和。反之，如果心胸狹窄，直接的後果就是傷害感情，影響了友誼。

西晉文學家潘岳在《西征賦》中寫道：「乾坤以有親可久，君子以厚德載物。」英國諺語說：「世上沒有不生雜草的花園。」人非聖賢，孰能無過？人生在世，要學會包容。

當人們受到不公平的待遇和很深的心靈創傷之後，自然會對傷害者產生怨恨情緒。但是我們要明白，怨恨是一種被動的具有侵

略性的東西，它不僅會讓我們失去歡笑，還有損我們的健康。怨恨更多地危害著怨恨者本人，而不是被仇恨的人。因此，為了我們自己，也要切除心胸狹窄這個腫瘤。

一位老媽媽在他50週年金婚紀念日那天，向來賓道出了她保持婚姻幸福的祕訣。她說：「從我結婚那天起，我就準備列出丈夫的10條缺點，為了我們婚姻的幸福，我向自己承諾，每當他犯了這10條錯誤中的任何一項時，我都願意原諒他。」

有人問，那10條缺點到底是什麼呢？她回答說：「老實告訴你們吧，50年來，我始終沒有把這10條缺點具體地列出來。每當我丈夫做錯了事，讓我氣得直跳腳時，我馬上提醒自己，算他運氣好吧，他犯的是我可以原諒的那10條錯誤當中的一個。」

在婚姻的漫漫旅程中，不會總是豔陽高照，鮮花盛開，也同樣有夏暑冬寒，風霜雪雨。面對生活中的一些小矛盾，如果能像那位老媽媽一樣，學會包容和忍讓，我們就會發現，幸福其實就在我們的身邊。

古人說：「有容德乃大」，又說「唯寬可以容人，唯厚可能載物」。從社會生活實踐來看，包容確實是實際生活中不可缺少的素質。做人要胸襟寬廣，要有包容平和之心，這不僅是一種魅力，更是社會成功的一種要素。

所謂海納百川，就是有了大海那樣的胸懷，才能夠百川並蓄。諺語中還常說：「將軍額上能跑馬，宰相肚裡可撐船」，這些無非是強調為人處世要豁達大度，要奉行寬以待人的原則。

一個人的胸懷能容下多少人，就能贏得多少人的尊重和喜愛。「忍人之所不能忍，方能為人所不能為」，「大肚能容，容天下難容之事；笑口常開，笑天下可笑之人」，智者總會用包容這把智慧之劍去斬斷冤冤相報這扯不完的長線，用宏大的胸懷去感受那一笑

泯恩仇的快樂。

　　《易經》說君子應當效法大地，以寬厚的德行負載萬物。做人，首先要以包容為懷，這是基礎。這裡強調了厚德的基本原則是直率、方正、寬大。寬大必然存在了包容，像大地一樣，容得下萬事萬物。這樣不僅會令我們的事業「有容乃大」，也會令我們的人生境界走向闊大。

·10·

給別人一點寬恕，拯救自己冰冷的心靈

給人一點寬恕，它將帶給一個人重新獲取新生的勇氣，去面對他人生中的另一個幸福時刻。

　　寬恕不是一個行動而已，它是一連串的「正念」所累積出來的「心胸」，這不是聽幾次演講或讀幾本書就能獲得的經驗，因它與個人的無知、恐慌、逃避、自責、封閉、抗拒等隱藏的心態有關，我們必須一個結、一個結地化解掉那些內在的障礙，才可能體驗出寬恕的真諦。

　　原諒是一種風格，寬容是一種風度，寬恕是一種風範。給人一點寬恕，它將帶給一個人重新獲取新生的勇氣，去面對他人生中的另一個幸福時刻。

　　人們常在自己腦子裡預設了一道藩籬，如果有人越過這道藩籬，就會引起怨恨。其實，別人可能對你設置的規定置之不理，你去怨恨，不是很可笑嗎？

　　盤圭禪師是一位廣受尊崇的禪宗大師，每逢他主持禪七之時，分散在各地的學生都會趕去參加。

　　有一次，在靜修會中，有一名學生行竊，當場被捉。眾人向盤

主報告此事，並要求把行竊的人逐出，但是盤圭並未理會。

　　不久，那個學生惡習難改，再次偷竊，又被抓住。眾人再度請求盤圭懲治他，但盤圭依舊不予發落，把事按下。這使得其他學生頗為不服，他們聯合上了一紙陳情書，表示：這回若不將竊賊開除，他們就集體離開。

　　盤圭讀了陳情書，把學生們全部招來，對他們說：「你們都是明智的人，知道什麼是對，什麼是錯，只要你們高興，到什麼地方去學習都可以；但這個人連是非都還分不清楚，如果我不教他，誰來教他？我要把他留在這裡，即使你們全部離開。」

　　熱淚從那位偷竊者眼中湧出，洗滌了他的心靈，從此，偷竊的衝動煙消雲散。

　　寬恕像烈火，燃燒了人的思想，卻又把它昇華；寬恕像秋霜，凝固了人的心房，卻又把它釋放，讓它變成一滴露水，更加潔白無瑕、晶瑩剔透，用另一種方式滋潤了大地；寬恕像春雨，洗淨了被玷污的心靈；寬恕像融化的積雪，滌蕩著你我的人生；寬恕像春風，吹走了人們的陰翳，帶來了和睦的歡笑。寬恕是初春飄過的第一絲細雨，是初夏吹來的第一縷涼風，是暮晚天際掠過的飛鴻，是月光如水漫浸的庭院，是花叢中衣袖盈風的少女笑靨，是令人怦然心動的嬌媚和柔情。

　　寬恕真的是一種曠世的美麗，你把歡樂留給大家，你也有了這份令人心儀的美麗！

·11·

用寬容之心熄滅嫉妒的火焰

嫉妒是一種突出自我的表現。無論什麼事，首先考慮到的是自身的得失，因而引起一系列的不良後果。若出現嫉妒苗頭時，即行自我約束，擺正自身位置，多一些寬容之心，可能就會變得「心底無私天地寬」了。

莎士比亞說：「您要留心嫉妒啊，那是一個綠眼的妖魔！」嫉妒的人是可恨的，他們不能容忍別人的快樂與優秀，會用各種手段去破壞別人的幸福，有的挖空心思採用流言蜚語進行中傷，有的行使卑劣手段。嫉妒的人又是可憐的，他們自卑、陰暗，他們享受不到陽光的美好，體會不到人生的樂趣，生活在他們的黑暗世界裡。嫉妒的人又是那麼的可悲，「心靈的疾病」會擴散到身體各處，引起軀體上的不良反應，七病八疾不請自到，它是摧毀人性和健康的毒藥。

嫉妒，作為做人的弱點，幾乎誰都會有那麼一點兒。這是人性中殘存的動物的一面。據研究者說，許多動物都有嫉妒的本性，一隻狼會把比牠多搶了獵物的同類咬死。

雖然嫉妒是人普遍的也可以說是天生的缺點，但我們絕不可因此而忽視它的危害性。趁著它還只是我們心靈裡的小小「腫瘤」，就要趕快診治它，以免它發展下去，成惡性「癌變」。

日本一位學者在他的書中曾說過：「所謂嫉妒，就是自己以

外的人佔了比自己優越的地位，或者是自己所寶貴的東西被別人奪取，或將被奪取的時候所產生的感情。」

他說：「這種感情是一種極欲排除別人優越的地位、或想破壞別人優越的狀態，含有憎恨的、非常激烈的感情。有了這樣激烈的感情，而不一定立刻顯現於表面，這就是嫉妒。在引發事端的場合，反而是冰山一角，許多嫉妒都是深藏在人們的心中的，使負面的情緒發酵，以歪曲的形態爆發出來。」

嫉妒是一種消極的、不良的病態心理，我們不要小覷它的危害性。它平時深藏在我們的心中，使我們備受精神折磨，生理上也會造成內分泌紊亂、腸胃功能失調、神經衰弱、腰痛、背痛等。但丁說：「嫉妒只會拉動風箱，煽起你的歎息。」美國劇作家佩恩說：「嫉妒者對別人是煩惱，對他們自己卻是折磨。」嫉妒這種不良情緒積壓得多了，往往會因一個偶然因素或特定場合，「以歪曲的形態炸開來」。公孫子都竟會暗箭傷人，就是一例。是強烈的嫉妒心使他喪失了理智。

愛默生說：「凡是受過教育的人最終都會相信，嫉妒是一種無知的表現。」

嫉妒的人並不是對所有比他強的人都嫉妒，對資歷和水準確實比他高的人，他並不一定嫉妒。他所嫉妒的對象大多是同學、同事、同齡人，因為他認為他們之間應該平起平坐。如果不是這樣，他就會產生一種心理上的刺激，痛苦、憤怒的情緒就會隨之而來。正如培根所說：「人可以允許一個陌生人的發跡，卻絕不能原諒一個身邊人的成功。」

日本學者詫摩武俊說：「嫉妒能使親密的好友翻臉，雙方都會受到傷害，可以說，它是一種令人無可奈何的感情，象徵著人性的弱點與醜惡的一面。」

儘管我們都免不了會有嫉妒這個似乎「令人無可奈何的感情」，但只要我們真正認識到了它害己害人的危害性，透過自我的

心理調整和控制，是可以逐漸克服它的。

明人陳繼儒說：「在江上行船，見到他人順風揚帆，而自己逆風行駛，這時便對順風者產生妒念，只能是自尋煩惱。」陳繼儒又講：「別人順風，是別人的事，和我有什麼關係呢？我和別人的生活目標不同，我做我自己的事，實在不必去和別人比較。」

有嫉妒心的人常有一種「危機感」，就是怕別人超過了自己，顯出自己的落後和平庸。因此，他們常常盯著別人的缺點，對別人的長處不是視而不見，就是故意詆毀。其實，這只能說明自己器量狹小。我們要有寬闊的胸懷、謙虛的態度，像古人說的那樣「見賢思齊」，不是去嫉妒別人，而是虛心向別人學習，爭取和別人一樣有所建樹。

克服嫉妒還有很重要的一點，就是要跳出自我，與人為善。別人取得成功，別人獲得了幸福，別人一帆風順……我們應該為他們高興。哪怕我自己並不成功，並不幸福，是「逆風行船」，我也衷心地祝賀別人，像一首歌中唱的：「只要你過得比我好……」

詫摩武俊說：「現代社會是競爭的社會、瓜葛的社會，而且也意味著現代的人生活在嫉妒的溫床中。」在這個充滿競爭、機會和變化的時代，在我們身邊幾乎天天都有成功的人、幸運的人、發財的人、創造奇蹟的人。他們也許就是你原本瞧不起的同事，或者是你曾領導過的下屬，你能保持平和的心態、寬闊的心態、與人為善的心態而不嫉妒嗎？這的確是對我們每個人品格修養的考驗。

如果我們能當著我們身邊的某個幸運兒的面，爽朗地或故作痛苦地高聲對他說：「我好嫉妒你喲……」那就表明我們已經戰勝了嫉妒以及它帶來的沮喪、失望、敵意、憎恨、羞恥、消沉等。我們有的是正常的羨慕，而非嫉妒。

胸懷大度在人際交往中的表現是寬厚待人。一個人如果善於以寬厚的態度待人處事，就必然能夠善於容人。所謂善於容人，就是善於與任何人，包括超過自己的人相處。如果能做到這一點，就不

　　會出現事事斤斤計較，唯恐委屈自己的嫉妒心理了。做人無私，胸懷寬廣，坦誠處事，才能淨化自己的心靈，才能真正感受到心底無私天地寬，也才能避免沾染上嫉妒心理之病。

　　如何才能熄滅嫉妒的烈火呢？這就需要承認事實，接受事實，對自己說：「他的卓越讓我看到了自己的缺陷，也看到了自己的努力方向。昏頭昏腦地嫉妒他人無濟於事，明智勤奮地揚長避短才能揮灑屬於自己的光彩。」然後，努力地提高自己。事實上，凡是能夠找到自己生存樂趣和生存價值的人，是不會嫉妒別人的。

　　儘管嫉妒是邪惡的，它的影響也是可怕的，但它並不完全是個魔鬼。它一方面是英雄式的痛苦的表現，這種痛苦是在茫茫黑夜中艱苦跋涉者的痛苦，是那些走向更好的安息之處、甚或死亡和毀滅之處的人的痛苦。要在這絕望之中尋覓出一條正確的道路，就必須像開闊自己的視野一樣開闊自己的心胸，就必須學會寬容別人，超越自我！

·12·

失意在所難免，權且把心放寬

> 人生只有一次，人生沒有回程票，不能重來。所以，人生最重要的是過程，人生的意義在於享受人生的過程，而不是對結果斤斤計較。「人生不如意事十常八九」，偶有失意，當以心寬化解之。

　　人生偶有失意，在所難免，一向得意容易讓人忘形；為失敗哀怨，對現實不滿也是無用之舉，一切當以心寬化解之。失意之時坦然，意在失意逆事之時，不可自暴自棄，自我作踐，更不可自我絕望，而要與之坦然。常常想想那許多現在還不如自己的人，則怨憤自然消除。坦坦蕩蕩心境平如水，少了得失之煩心，多了自樂之恬愉。但失意之時也不應不思進取，而給自己增加面對失意的機會，應在坦然面對失意的時候更思奮起。

　　陶朱公政界失意，險遭勾踐毒手，看破紅塵後遂攜西施乘一葉扁舟趁著夜色逃往他鄉，以經商維生，終成富甲天下的鉅賈，被後世尊為商人鼻祖；李白官場失意，雖在長安混跡多年而終無所獲，激憤之中「斗酒詩百篇」，成了「詩仙」；愛迪生學業失意，老師稱之為「笨小孩」，並被多次攆回家，幸得慈母諄諄教誨，透過不懈的努力，一生中擁有包括電燈在內的一千三百多種發明，被譽為世界上最偉大的發明家。

　　俗話說：「人生不如意事十常八九。」如此人生豈不讓人傷心

透了？其實並非如此，有句話叫「好事多磨」，我們應該有這個信念：失意是一種磨練的過程，心即使在冰凍三尺之下也不會涼的。

生活不論如何磨人，如何將你壓縮在一個四方的小盒子裡，但思維的空間是不受限制的，心靈的視野沒有藩籬，無比寬廣，任你馳騁，來去自如，生命的迷人之處就在這裡！

站得高，你就看得遠。紅橙黃綠青藍紫，七彩人生，各色不同；酸甜苦辣鹹，五種味道，各有所好；喜怒哀樂悲恐驚，七種情感，品之不盡。沒有一帆風順的人生。如果一生無挫折，未免太單調、太無趣、太乏味。沒有失敗的尷尬和忍辱，哪來成功的喜悅？也許你就是忍受不了人情的冷暖和失敗的打擊，抱頭哀歎，早已說過「不如意事十常八九」，你自己還會遇到，那就當它是橫亙於面前的一塊石頭吧。擺正它，踩上去！也許視野會更開闊、心胸會更豁達呢！

寬容的人很善良，常常把寬容給了陌路，把溫柔給了愛人，卻忘了給自己留一點。有一句話很有用，叫「沒什麼」。對別人總要說許多「沒什麼」；或出於禮貌，或出於善良，或出於故作瀟灑，或出於無可奈何；或是真不在意，或是別有用心。不管出於什麼，難道讓生活有那麼多不盡人意之處？如果你要勸解自己，也要學著這麼說。缺少陽光的日子很憂鬱，你要學會說「沒什麼」；失去朋友的生活很寂寞，你要學會說「沒什麼」。自己已經很累了，需要一種真誠的諒解，說句「沒什麼」。這麼說並不是讓你放縱所有的過錯，只是渴求自拔；也不是決意忘懷所有的遺憾，只是拒絕沉溺。自己勸慰自己才管用。

人有同情心，見別人傷心──除了敵人和仇家──自己也不會快樂，總要上前勸一勸。勸告是出於善心，言語也很有哲理，然而聽的人未必都能聽得進去，聽進去了也未必照此行事，因為劇痛使人麻木。有位女作家說：「我不勸任何人任何事。解鈴還需繫鈴人，自己繫上的隔閡只有自己親自動手方可解開，朋友的話，善良

人的話都只是催化劑，自己才是具有決定作用的主要因素。」

　　正如良藥苦口利於病一樣，失意雖然嚼之味苦、辛辣難嚥，但它確實是成功人生不可或缺的元素。失意在所難免，權且把心放寬。

第六章

寬容就要學會忘記

——忘記昨日是非，生活才有陽光與歡樂

·1·

學會忘記，生活才有陽光與歡樂

> 忘記昨日的是非，忘記他人先前對自己的指責和謾罵，也是一種智慧。時間是良好的止痛劑，學會遺忘，拾起那根緞帶送給讓你受傷的那個人，他將回報你一片燦爛的陽光。

　　人生在世，憂慮與煩惱有時也會伴隨著歡笑與快樂的。正如失敗伴隨著成功，如果一個人整天胡思亂想，把沒有價值的東西也記存在腦中，那他或她就總會感到前途渺茫，人生有很多的不如意。所以，我們很有必要對頭腦中儲存的東西給予及時清理，把該保留的保留下來，把不該保留的予以拋棄。那些給人帶來諸多不利的因素，實在沒有必要過了若干年仍在回味或耿耿於懷。只有徹底忘記，人才能過得快樂灑脫一點。

　　上天賜給我們很多寶貴的禮物，其中之一即是「遺忘」。只是我們過度強調了「記憶」的好處，卻反而忽略了「遺忘」的作用與必要性。

　　失戀了，總不能一直耽溺於憂鬱與消沉的情境裡，必須儘快遺忘；股票失利了，損失不少金錢，於是心情苦悶提不起勁，此時也只有嘗試著遺忘；期待已久的職位升遷，人事令發布後竟然不是你，情緒之低落可想而知。解決之道無它——只有讓自己遺忘。

　　可見，「遺忘」在生活中有多麼重要！

　　然而想要遺忘，卻並非想像中那麼容易。遺忘需要時間，但如

果你連「想要遺忘」的意願都沒有，那麼時間再長也無濟於事。

　　人們習慣於淡忘生命中一切美好的事物，但對痛苦的記憶，卻總是銘記在心，這是為什麼呢？難道我們真的如此笨拙？

　　不，當然不是，癥結在於我們太過執著、太過放不下。我們很少靜下心來檢視自己「已有的」或「曾經擁有的」，總是「看到」或「想到」自己「失去的」或「沒有的」，這注定了我們必定難以遺忘。

　　的確，很多人無論是待人或處世，很少檢討自己的缺點，總是記得「對方的不是」以及「自己的欲求」。其實到頭來，還是很少如願──因為，每個人的心態正彼此相剋。

　　反之，如果這個社會中的每個人，都能夠試圖將對方的不是及自己的欲求盡量遺忘，多多檢討自己，那麼，彼此之間將會產生良性的互補作用，這才是每個人都需要的。

　　有這樣一個故事：有一位女士有一次送給一個朋友三條緞帶，希望他也能送給別人。這位朋友自己留了一條，其他兩條送給他不苟言笑、事事挑剔的上司，因為他覺得由於上司的嚴厲使他多學到了許多東西，同時他還希望他的上司能拿去送給另外一個影響他生命的人。

　　他的上司非常驚訝，因為所有的員工對他的態度一向是敬而遠之。他知道自己的人緣很差，卻沒想到還有人會感念他嚴苛的態度，把它當作是正面的影響而向他致謝，這使他的心頓時柔軟起來。

　　這個上司一下午都若有所思地坐在辦公室裡，而後他提早下班回家，把其中一條緞帶給了他正值青春期的兒子。他們父子關係一向不好，平時他忙著公務，不太顧家，對兒子也只有責備，很少讚賞。那天他懷著一顆歉疚的心，把緞帶送給了兒子，同時為自己一直以來的態度道歉，他告訴兒子，其實他的存在帶給他這個父親無

限的喜悅與驕傲，儘管他從未稱讚他，也少有時間與他相處，但是他是十分愛他的，也以他為榮。

當他說完了這些話後，兒子竟落下淚來。他對父親說：他以為他父親一點也不在乎他，他覺得人生一點價值都沒有，他不喜歡自己，常怨恨自己為什麼總不能討父親的歡心，正準備以自殺來結束痛苦的一生。這位上司沒想到他的一番言語，竟打開了兒子的心結，救了他的性命，想到自己差點失去了獨生的兒子而不自知，他嚇得出了一身冷汗。從此他改變了自己的態度，調整了生活的重心，也重建了親子關係，加強了兒子對自己的信心。就這樣，整個家庭因為一條小小的緞帶而徹底改變。

送人以緞帶，證明你已遺忘了相處中所受的那些委屈和責難，回憶起別人給你的快樂和益處。而被你贈與緞帶者卻更能被你感動，看到你的心靈之美，愛你，助你。學會遺忘，拾起那根緞帶送給讓你受傷的那個人，他將回報你一片燦爛的陽光。

·2·

寬恕別人就是釋放自己

仇恨只能永遠讓我們生活在黑暗之中，而寬恕卻能讓我們的心靈獲得自由、解放。學會寬恕別人，就是學會善待自己。因為寬恕別人，可以讓自己的生活更輕鬆愉快。

古人云：「壁立千仞，無欲則剛，海納百川，有容乃大。」寬恕是一種風範，一個懂得寬恕之道的人，他的天地一定廣闊，精神一定充實，心靈一定純潔，靈魂一定美麗。

孔子的學生子貢曾問孔子：「老師，有沒有一個字，可以作為終生奉行的原則呢？」孔子說：「那大概就是『恕』吧！」「恕」，就是寬恕，寬恕是一種低調的風範，一個懂得寬恕之道的人，他的天地一定廣闊，精神一定充實，心靈一定純潔，靈魂一定美麗。

大多數人都聽過、看過或自己有過這樣的感受：朋友之間或因一句玩笑話爭得面紅耳赤，甚至於成為路人；鄰里之間因為孩子打架而導致大人大打出手，甚者老死不相往來；兄弟之間因雞毛蒜皮的瑣事同室操戈，如此等等，不一而足。誠然，發脾氣很容易，但代價也未免太大了，這就如同為趕走一隻聒噪的烏鴉而砍掉枝繁葉茂的大樹一樣，得不償失。

在這個世界上，無論怎樣努力，也不可能有一道菜符合所有人的胃口。廚藝如此，做人亦然。站在自己的立場上，別人未必都

合自己的胃口，而站在別人的立場上，你又嘗能符合每個人的胃口？如此，做人就應該保持低調，存有寬恕包容之心。難怪孔子會說：「己所不欲，勿施於人。」他講的就是寬恕之道。

韓國總統金大中正式就職後，公開在總統府宴請了曾經迫害過他的幾位前任韓國總統。他以具體行動化解了政治仇恨，展現了他偉大的恕人之道。當別人傷害我們的時候，我們能否像金大中總統那樣低調處理，與仇敵握手言和、化干戈為玉帛？古語常說：「知錯能改，善莫大焉。」既然如此，面對一個人在無意中犯下的錯誤，我們為何不能寬恕呢？

美國總統林肯幼年曾在一家雜貨店打工，有一次因為顧客的錢被前面一位顧客拿走，顧客與林肯發生爭執，雜貨店老闆為此開除了林肯。老闆說：「我必須開除你，因為你令顧客對我們店的服務不滿意，這樣我們也將失去許多生意，我們應該寬恕顧客的錯誤，顧客就是我們的上帝。」許多年後，當上了總統的林肯說：「我應該感謝雜貨店的老闆，是他讓我明白了寬恕的重要性。」

仇恨只能永遠讓我們生活在黑暗之中，而寬恕卻能讓我們的心靈獲得自由、解放。學會寬恕別人，就是學會善待自己。因為寬恕別人，可以讓自己的生活更輕鬆愉快。

寬容是一種美德，當然，寬恕傷害自己的人不是一件容易做到的事，要把怨氣甚至仇恨從心裡驅趕出去，的確是需要極大的勇氣和胸襟的。

有個精神病人闖進了一位醫生家裡，開槍殺死了他的三個女兒，可這位醫生仍為那精神病人治好了病。這是何等的勇氣和胸襟？記得一本書上說過，我們的心如同一個容器，當愛越來越多的時候，仇恨就無處容身，我們不需要一味地、刻意地去消除仇恨，而是不斷用愛來充滿內心、用關懷來滋潤胸襟，仇恨自然沒有容身

之處。這位醫生就做到了。

要學會寬容別人的齟齬、排擠甚至誣陷。因為你知道，正是你的力量才讓對手恐慌。你更要知道，石縫裡長出的草最能經受風雨。風涼話，正可以給你發熱的頭腦「冷敷」；給你穿的小鞋，或許能讓你在舞台上跳出曼妙的「芭蕾舞」；給你的打擊，彷彿運動員手上的槓鈴，只會增加你的爆發力。睚眥必報，只能說明你無法虛懷若谷；言語刻薄，是一把雙刃劍，割傷別人的同時也會割傷自己；以牙還牙，也只能說明你的「牙齒」很快要脫落了；血脈賁張，最容易引發「高血壓病」。

當一個污黑的足球印在雪白的休閒褲上時，只是對著踢球人微笑一瞥，這就是寬恕。當因升遷晉級未達到目的而甩來惡言髒語時，仍然為這語言過激的人擦淨辦公桌，泡上香茶，這也是寬恕。

當我們的心為自己選擇了寬恕的時候，我們便解放了自己，獲得了應有的自由。因為我們已經放下了怨恨的包袱，無論是面對朋友還是仇人，我們都能夠贈以甜美的微笑。佛道中常講究緣分，在眾生當中，能夠相遇、相識，這就是緣分。當你因仇恨而相識，不可否認的是，在你的心裡已經牢牢記住了對方的名字。如果你因為整天想著如何去報復對方而心事重重，內心極端煩躁和壓抑，那麼倒不如嘗試著放下仇恨，以低調的心態去寬恕對方，這樣你就可以因此多一個可以談心的好朋友。每一個人都需要朋友，多一份寬恕，便能讓我們多一位朋友。

學會寬恕別人，就是學會善待自己，仇恨只能永遠讓我們的心靈生活在黑暗之中；而寬恕，卻能讓我們的心靈獲得自由，獲得解放。寬恕別人，可以讓生活更輕鬆愉快。寬恕別人，就是解放自己，還心靈一份純淨。

·3·

樂於忘記他人過錯是一種胸懷

人的一生有許多的無奈，酸甜苦辣鹹陪伴著我們走過一生，樂於忘記是一種修養，一種智慧，更是一種胸懷。

有一個朋友對我說：「我只記著別人對我的好處，忘記了別人對我的壞處。」因此，這位朋友深受大家的歡迎，擁有很多知交。古人也說：「人之有德於我也，不可忘也，吾有德於人也，不可不忘也。」這句話的意思是：別人對我們的幫助，千萬不可忘記，反之，別人倘若有愧對我們的地方，應該樂於忘記。

樂於忘記是一種心理平衡。有一句名言叫做：「生氣是用別人的過錯來懲罰自己。」老是「念念不忘」別人的「壞處」，實際上最受其害的就是自己的心靈，讓自己痛苦不堪，何必？這種人，輕則自我折磨，重則就可能導致瘋狂的報復了。

樂於忘記是成大事者的一個特徵，既往不咎的人，才可甩掉沉重的包袱，而大踏步地前進。人要有點「不念舊惡」的精神，況且在同事之間，在許多情況下，人們誤以為「惡」的，又未必就真的是什麼「惡」。退一步說，即使是「惡」吧，對方心存歉疚，誠惶誠恐，你不念舊惡，以禮相待，說不定也能改「惡」從善。

唐朝的李靖，曾任隋煬帝的郡丞，最早發現李淵有圖謀天下之意，親自向隋煬帝檢舉揭發。李淵滅隋後要殺李靖，李世民反對報復，再三請求保他一命。後來，李靖馳騁疆場，征戰不疲，安邦

定國，為唐朝立下赫赫戰功。宋代的王安石對蘇東坡的態度，應當說也是有那麼一點「惡」行的。他當宰相那陣子，因為蘇東坡與他政見不合，便藉故將蘇東坡降職減薪，貶官到了黃州，讓他好不悽慘。然而，蘇東坡胸懷大度，他根本不把這事放在心上，更不念舊惡。王安石從宰相位子上垮台後，兩人關係反倒好了起來。他不斷寫信給隱居金陵的王安石，或共敘友情，互相勉勵，或討論學問，兩人談得十分投機。

相傳唐朝宰相陸贄，有職有權時，曾偏聽偏信，認為太常博士李吉甫結夥營私，便把他貶到明州做長史。不久，陸贄被罷相，貶到明州附近的忠州當別駕。後任的宰相明知李、陸兩人有私怨，仍玩弄權術，特意提拔李吉甫為忠州刺史，讓他去當陸贄的頂頭上司，意在借刀殺人。不想李吉甫不記舊怨，而且，「只緣恐懼傳須親」，上任伊始，便特意與陸贄把酒言歡，使那位現任宰相借刀殺人之陰謀成了泡影。對此，陸贄深受感動，便積極出主意，協助李吉甫把忠州治理得一天比一天好。李吉甫不圖報復，寬待了別人，也幫助了自己。

人與人之間最難得的是真情，要學會將心比心。記住該記住的，忘記該忘記的，改變能改變的，接受不能改變的。只有這樣，我們的心靈才能得到淨化，我們靠近目標的腳步才會更加輕鬆。

·4·

放鬆自我，讓生命回歸簡單

> 山高人為峰，生命本來很平靜，當你知道自然的純粹時，你才能以彎曲對抗坎坷不平，你才能用生命去詮釋生命的最高境界，你才能順利平安地享受幸福的生活。

越能懂得低頭，心靈的空間越寬廣，生命就越舒展，生命的境界也就越博大。

世間本無事，庸人自擾之。生命本來是簡單、自然的，只是人們不經意間把一些事情攪擾得紛繁複雜，世間才多出了那麼多讓人唏噓的故事。如果你能夠認清生命的本質，能夠體察人生的純然，能夠忍耐生命的殘缺，坦然面對人生的坎坷，那麼你的生活就是順遂的，你的人生就是快樂的。

有這樣一個哲理故事，或許對你有所啟示。

小明洗澡時不小心吞下一小塊肥皂，他的媽媽非常擔心，急忙打電話向家庭醫生求助。醫生說：「我現在還有幾個病人在，可能要半小時後才能趕過去。」

小明媽媽慌了，說：「那可怎麼辦？我的兒子會不會有危險，這段時間，我該做什麼？」

醫生說：「給小明喝一杯白開水，然後用力跳一跳，你就可以讓小明用嘴巴吹泡泡消磨時間了。」

很多事情都沒有我們想像得那麼糟糕，放輕鬆些，生活何必太緊張？事情既然已經發生了，何不坦然自在地面對。擔心不如寬心，窮緊張不如窮開心。

　　沈從文在中國現代文學史上佔據著重要的地位，無論是「文學大師文庫」還是「二十世紀中文小說排行榜」，海外都一律將沈從文排在位於魯迅之後的中國最傑出的小說家及文學大師的行列。19世紀80年代，他的作品《邊城》、《蕭蕭》等相繼被改編成電影。這些電影以獨特的藝術格調為喧鬧的影壇吹進縷縷清風。就是這樣一位傑出的作家在建國初期卻退出文壇，從此銷聲匿跡，在中國的文學發展史上留下說不盡的遺憾。但是我們從沈老後來的生活中卻沒有看出頹廢、沮喪，而是讀出了睿智和快樂。

　　歷史、社會等諸多複雜因素致使沈從文被迫「退出」，但是真正做出這種選擇的卻是他自己，他的淡定與從容，包含了超越歷史的智慧，恰恰印證了那句話「寧靜以致遠」，也展現出了生命的簡單、純然。

　　誰也無法猜測沈從文的「退出」有過多少靈魂的迷亂和內心的掙扎，但是當他放下那枝曾創造出翠翠、蕭蕭等鮮活藝術形象的筆，改行到歷史博物館整理文物，他就完全脫離了迷惑與痛苦。縱然有眾多知音的遺憾、親朋的惋惜、讀者的不解，沈從文只是報之以微笑，不做任何解釋。有人勸他重新拿起筆，有人替他憤憤不平，可是這一切都沒能改變酷愛文學創作的沈從文改變自己的決定，他義無反顧地告別了文學，堅決割斷自己與文學的聯繫，鑽入歷史塵埃一般的文物中。每有報刊來邀稿，他的回答是過時了，所以才「退位讓賢」，他的話毫無怨氣，完全出自內心。

　　有人說沈從文糊塗了，一個文思泉湧、筆下生輝的優秀作家卻在歷史博物館做起了為展品寫標籤的工作，那是無需用腦子也能做的工作，這彷彿是歷史在開著玩笑。而沈從文卻安之若素，自得其樂，也許在沈從文的理解裡，能夠彎曲才是生命的真諦。懂得享受

生活才是成熟人性的自我昇華。

沈從文把生命回歸到了簡單、自然，他在劇烈的落差中尋找自我平衡。在歷史遺留下來的金、石、陶、瓷堆中探尋那通向人類真實昨天的途徑，同時也在尋找自己後半生的生命意義。

研究沈從文的專家凌宇在《沈從文傳》中這樣記敘道：

北京的三九寒天，氣溫極低，太陽還沒出來，寒氣直侵入人的骨髓裡去。沈從文躲在一個稍能避風的牆角裡，穿一件灰布棉襖，一面跺腳一面將一塊剛出爐的烤白薯在兩手間倒來倒去取暖，他正在等博物館的警衛開門。博物館裡，成千上萬的文物在他眼前展開了一個新奇的世界，猶如阿里巴巴偷到了打開山洞的祕訣，使他有幸置身於令人眼花撩亂的稀世珍寶之間。沈從文興奮不已，一股巨大的貪欲從他心裡升起——他不是垂涎於這些文物的金錢價值，而是為深藏在那一履一帶、一環一珮、一點一線、一罐一罈之間的巨大的知識財富，以及燃燒其間的永世不滅的生命之火所迷醉。

山高人為峰，生命本來很平靜，當你知道自然的純粹時，你才能以彎曲對抗坎坷不平，你才能用生命去詮釋生命的最高境界，你才能順利平安地享受幸福的生活。

很多人都喊著活得太累，殊不知，這完全是由自己的心態造成的，懂得彎曲，一切順其自然。認真做事，老實做人，得則得，不能得不爭；當得沒得，不急不惱；不當得而得，也不要，這才叫聰明人，活得輕鬆，悟得透徹。抹去滯重、苦澀的記憶，學會理性的淡忘乃是現代人驅趕煩惱、消化挫折、清除心理積漬的「洗滌劑」，是一種睿智的穎悟和超脫。

·5·

忘記痛苦，給幸福一個空間

> 痛苦與幸福相斥，人的內心如果被過去的過錯和痛苦填滿，便沒有了接受幸福的空間。忘記就是明智的選擇。忘記痛苦，人才有更多的空間容納幸福。

　　人，只要活著，就要接受痛苦的挑戰，無論在哪個年齡段，都躲不過。生老病死、家庭不睦、鄰里糾紛、親朋反目、退休失業……

　　痛苦，是音樂中的一個音符，它使歌曲抑揚頓挫；痛苦，是飯桌上別具風味的一道菜，使你嘗盡酸甜苦辣鹹；痛苦，又像是你血管中的「栓塞」，如不及時清理疏通，就會殃及你的健康甚至生命。痛苦與幸福相斥，人的內心如果被過去的過錯和痛苦填滿，便沒有了接受幸福的空間。忘記就是明智的選擇。忘記痛苦，人才有更多的空間容納幸福。

　　著名作家紀伯倫有一句話：「忘記是自由的一種形式。」忘記曾經的傷害，忘記已發生的過錯，忘記已嘗受過一遍的痛苦，只有這麼做，才能使我們的心靈達到一種自由的境界，心中才能容下幸福。

　　一位苦惱的年輕人背著個大包裹去尋找幸福，經歷了層層荊棘和道道坎坷，來到了一條波浪洶湧的大河前。

　　河上沒有橋，只有一位清瘦的白首老人駕著獨木舟在河中搖盪。老人問年輕人去哪裡，年輕人說他要去尋找幸福。

　　「是嗎？那你把這個破包裹丟到河裡，然後再去尋找。」

　　「不能，包裹裡面藏著我一路上跋涉中的孤獨、黑夜裡的寂寞、跌倒時的痛苦、受傷後的淚水，靠著它們的陪伴我才走到了今天。」

　　老人不語，只是在過河之後要求年輕人把自己也放進包裹裡。

　　「什麼？」年輕人以為自己聽錯了。

　　「是的，你什麼都放不下，那我也幫助你過了這條大河，你應該把我也帶上。」

　　年輕人恍然大悟，把裝滿痛苦回憶的包裹丟下，頓時感到步履無比輕鬆，原來這就是自己拚命尋找的幸福。

　　生活中，人們可以輕鬆地把榮耀和成績放在身後，但要將曾經經歷過的痛苦完全放下卻是不容易的。唐山大地震後的倖存者中，就有一些人至今還對黑暗、對饑餓充滿恐懼，入睡前他們要亮著燈、拚命吃東西才能緩解幾十年前心中的壓力。記得文人達克頓曾說過：「除了雙目失明，我可以忍受任何痛苦。」但當他60多歲真正失明時，發現自己原來也是可以承受這種痛苦的。因為他把失明的痛苦忘記了，憑藉著美麗的心靈生活下去。

　　其實，脆弱的生命本來就不應該有那麼多沉重。我們在經歷無數無可挽回、無法抗拒的災難後，可能會萬念俱灰，然而，與漫長的生命相比，過去永遠都是輕的。所以，遭受了大悲痛和大苦難之後，最主要的是讓未來快樂更多，幸福更多，而快樂與幸福不會成長於過去痛苦的荒原中。所以我們要學會忘記苦難，因為我們心中銘記著智者的話：「你前世即使是被冤屈的鬼魂，但在經歷過痛苦的十字架之後，唯一值得守候的也只有復活節的到來。」

　　「沒有寶貴的財富，還有珍貴的愛情；沒有珍貴的愛情，還

有美妙的青春；沒有美妙的青春，還有健美的身體；沒有健美的身體，還有純淨的心靈……」達克頓用曾經歷練過痛苦、卻又忘記了痛苦的純淨心靈告訴我們——苦難並不是可以升值的古董，不要再為過去的痛苦而驀然回首，太多的痛苦回憶只會讓你的短暫人生迅速貶值。畢竟我們已經為它付出過代價，如果沒有別的辦法，那就請瀟灑地揮一揮手，不要再為身後摔碎的瓦罐而悔恨，這樣我們才能獲得幸福的人生。

「黃河之水天上來，奔流到海不復回」，過去的已經過去，歷史不能重新開始，不可能從頭再來。也許我們暫時失去了目前看似幸福的東西，然而只要生命存在，就會有再次崛起的資本。一味沉浸在失去的痛苦中自怨自艾或者怨天尤人，都不能解決任何問題。只要我們心存坦蕩，樂觀向前，吸取經驗，不再為打翻的牛奶無休止地哭泣，那麼，總有「得到」的一天。

莎士比亞說：「聰明人永遠不會坐在那裡為他們的損失而哀歎，卻用情感去尋找辦法來彌補他們的損失。」一個人要想發揮自己的潛能，取得事業上的成功，還必須勇於忘卻過去的不幸，重新開始新的生活。

無論何時，要知道重溫噩夢就是在不斷地扼殺現在和未來，就是在無意義地損害自己。不要再沉湎於痛苦，不要在淚眼朦朧中迷失前行的路，不要因為你在春天錯失了鮮花而苦惱，因為生命是寬容的，給了我們飽含深意的秋天的果實，用勇氣和樂觀來忘記痛苦，才能有空間裝載沉甸甸的幸福！

其實，人的一生多是由低谷形成的，幸福和歡樂僅是生活旅途中的巔峰狀態罷了，而圍繞在它們周圍更多的卻是無數山谷，甚至偶有懸崖，幸福和歡樂稍縱即逝，唯有痛苦是纏綿永恆的。遇到不快，痛苦難免，看你如何對待。梵谷有句名言：「我的財富就是我的痛苦。」達文西說：「不經受巨大的痛苦就得不到完美的才能」。可見，痛苦完美人生，它與生命共存，雖躲不開，卻忘得掉。

·6·

包容別人，不要苛求對方十全十美

對人寬容應有「包容」之意，不要苛求他人十全十美，不要總挑剔他人的一些小缺點。如果你整日糾纏於這些小事，沉湎於這些小怨小恨中，最終就會把自己投入一個有無數煩惱的環境中。

君子因心胸開闊，所以樂觀豁達；小人因心胸狹隘，所以憂愁煩悶。韓愈說：「古之君子，其責己也重以周，其待人也輕以得。」意思是說，古時候有修養的人，他們要求自己既嚴格又全面，對待別人既寬鬆又簡單。遇小事而不生事端，是為寬容，是為「難得糊塗」。

對人寬容應有「包容」之意，不要苛求他人十全十美，不要總挑剔他人的一些小缺點。

「持身不可太皎潔，一切污辱垢穢，要茹納得。與人不可太分明，一切善惡賢愚，要包容得。」

「地之穢者多生物，水之清者常無魚。故君子當存含垢納污之量，不可持好潔獨行之操。」

這些話說的都是這個道理。與人相處要看到其長處，包容其缺點，不可要求他人太嚴。

孟嘗君出使秦國時，遭人讒害，秦昭王囚禁並想殺了他。危急

之時，孟嘗君想到向昭王的寵姬求救。而那寵姬卻想要孟嘗君那件已獻給昭王的白狐裘。一時無計可施，孟嘗君的一位食客，曾是偷盜之徒，他使出拿手絕活，幫孟嘗君盜出那件白狐裘，獻給了這個寵姬，從而使孟嘗君獲救。

孟嘗君被昭王釋放後，急馳回國，走到函谷關時，已是夜半，需到雞叫時方可出關。於是食客中又有一個善學雞叫的人學了幾聲雞叫，才使孟嘗君逃出函谷關，回到齊國。

對別人的小缺點給予包容，而不要一味揭短。俗話說：「罵人不揭短，打人不打臉。」「人之短處，要曲為彌縫，如暴而揚之，是以短攻短；人有頑固，要善為化誨，如憤而疾之，是以頑濟頑。」這是《菜根譚》中的一句話，意思是說，對別人的短處，要予以遮掩，如果揭人之短，也就曝露了自己的短處。是以短攻短；對別人的頑固行為應加以引導，如果憤而疾之則是以頑濟頑了。《菜根譚》一書中又說：「攻人之惡，毋太嚴，要想其堪受；教人之善，毋太高，當使其所從。」

對人寬容，不要太嚴，這需要有寬廣的胸襟、宏大的度量。務必做到樹大志、望高遠，不要蠅營狗苟，整日糾纏於小事，沉湎於小怨小恨，這樣也會把自己投入一個成天有無數煩惱的環境中。

有的人在榮譽寵祿面前也許能經得起考驗，但他未必能經受得住屈辱和打擊。所謂「富貴不能淫，威武不能屈」，「寧為玉碎，不為瓦全」，「士可殺不可辱」等，都是對古往今來那些豪傑英雄的讚美詩。面對邪惡，為了正義，寧死不屈，以死論證偉大的人生和高尚的人格，這就是至高無上的榮譽。但在特殊情況下，「忍辱」也是為了真理和正義，為了更多的人贏得榮譽。這就是「忍辱負重」。這種人確實是眾多凡夫俗子所望塵莫及的，其榮辱觀同樣偉大和高尚。

在大是大非上不要讓步，但小事不要特別計較。俗話說得好

「勺子哪有不碰鍋的。」人與人相處，總會有一些小矛盾。出現矛盾，切忌「句話必爭，寸利必得」。不能惡語相向、污言亂出，更不能揮拳拔腳、大打出手。而要平靜下來，先看是不是自己的過失，責人先責己，互相體諒、互相理解。

·7·

凡事斤斤計較，只有徒增煩惱

古語云：「讓一讓，三尺巷。」人生之事，只要不是原則性的大事，得過且過又何妨？人活在世上，理應開朗、豁達，活得超脫一些；凡事斤斤計較，只是徒增煩惱罷了。

　　兩千多年前，雅典政治家伯利克雷曾經給人類說過一句忠言：「請注意啊！先生們，我們太多地糾纏於一些小事了！」這句話，對今天的人們來說仍然值得品味和借鑑。

　　說句老實話，對於一般人來說，生活就是由無數的小事組合而成的，甚至對那些大人物來說也是如此。每個人的生活中，小事都是無處不在、無時不有的，如果你過多地拘泥、計較這些小事，那麼人生就根本沒有什麼樂趣可言了，生活中也必然充滿矛盾和衝突。

　　想一想，你擠公共汽車時，有人不小心踩了你的腳；或者你去買菜時，有人無意間弄髒了你的裙子；有時走在路上，說不定從道旁樓上落下一個紙團，打在你頭上……此時此刻，如果你不是大事化小，小事化無，而是口出污言穢語，大發雷霆之怒，說不定會鬧出什麼禍事來。

　　在小事上斤斤計較，常常成為損害人際關係的一大誘因。這種悲劇不僅在平常人中屢見不鮮，就是在一些卓有成就的名人中也時有發生。

　　從醫學的觀點看，事事計較、精於算計的人，不但容易損害人際關係，而且對自己的身體也極其有害。《紅樓夢》裡的林黛玉，雖有閉月羞花、沉魚落雁的美麗容貌，可總是患得患失，別人一句無意的話都會讓她輾轉反側，難以入眠，憂鬱不已，再加上愛情的打擊，終於落得個「紅顏薄命」的悲慘結局。

　　古語云：「讓一讓，三尺巷。」人生之事，只要不是原則性的大事，得過且過又何妨？人活在世上，理應開朗、豁達，活得超脫一些；凡事斤斤計較，只是徒增煩惱罷了。

·*8*·

及時的忘記也是一種能力

忘卻也是一種能力，對於一些不愉快的事，一些不值一提的小事，一些沒有意義的瑣事，我們就應該及時地忘掉。對於丟醜的事件，我們更要及時遺忘，別把它放在心上，影響自己的個性發展與完善。

　　台灣著名女作家三毛小時候是一個非常勇敢而又活潑的小女孩，她喜歡體育，常常一個人倒吊在單槓上直到鼻子流出血來。她喜歡上語文課，國文課本一發下來，她只要大聲朗讀一遍，便能夠熟練地掌握其中的內容。有一次她甚至跑到老師那裡，鄭重地批評說：「國文課本編得太淺，怎麼能把小學生當傻瓜一樣對待呢？」

　　三毛12歲那年，以優異的成績考取了台北最好的女子中學——台灣省立第一女子中學。在初一時，三毛的學習成績還行；到了初二，數學成績一直走下坡，幾次小考中最高分才得50分，三毛不禁感到有些自卑。

　　然而一向好強的三毛發現了一個考高分的竅門。她發現每次老師出小考考題，都是從課本後的習題中選出來的。於是三毛每到臨考，就把後面的習題都背下來。因為三毛記憶力好，所以她能將那些習題背得滾瓜爛熟。如此一來，一連六次小考，三毛都得了100分。老師對此很是懷疑，他決定要單獨測試一下三毛。

　　一天，老師將三毛叫進辦公室，將一張準備好的數學考卷交給

三毛，限她十分鐘內完成。由於題目難度很高，三毛得了零分，老師對她十分不滿。

接著，老師在全班同學面前羞辱了三毛。這位數學老師拿起蘸著飽飽墨汁的毛筆，叫她立正，非常惡毒地說：「你愛吃鴨蛋，老師就給你兩顆大鴨蛋。」老師用毛筆在三毛眼眶四周塗了兩個大圓。因為墨汁太多，它們流了下來，順著三毛緊緊抿住的嘴唇，滲到她的嘴巴裡。

老師又讓三毛轉過身去面對全班同學，全班同學哄笑不止。然而老師並沒有就此罷手，他又命令三毛到教室外面，在大樓的走廊裡走一圈再回來。三毛不敢違背，只有一步一步艱難地將漫長的走廊走完。

這件事情使三毛出了醜，她也沒有及時調整過來，於是開始翹課。當父母鼓勵她正視現實、鼓起勇氣再去學校時，她堅決地說「不」，並且自此開始休學在家。

休學在家的日子裡，三毛仍然不能從這件事的陰影中走出來。當家人一起吃飯時，姐姐弟弟不免要說些學校的事。這令她極其痛苦，之後連吃飯都躲在自己的房間裡，不肯出來見人了。就這樣，三毛患上了少年自閉症。

可以說少年自閉症影響了三毛的一生，在她成長的過程中，甚至在她長大成人之後，她的性格始終以脆弱、偏頗、執拗、情緒化為主導。這樣的性格對她的作家生涯可能沒有太多的負面影響，但卻嚴重影響了她人生的幸福。1991年1月，三毛在台北自殺身亡，這與她性格中的弱點有重要關聯，正是因為三毛的性格，才導致了她那最終可悲的命運。

對於12歲時的出醜事件念念不忘使三毛產生了不好的性格，長大成人的三毛深知這樣的性格會是自己成功道路上的障礙。為此，她獨自一人遠赴歐洲，遊歷非洲，主動創造條件改變自己不健康的個性。正是因為她對自己個性的主動改造才使她在文學創作上獲得

了成功。

　　忘卻也是一種能力，對於一些不愉快的事，一些不值一提的小事，一些沒有意義的瑣事，我們就應該及時地忘掉。對於丟醜的事件，我們更要及時遺忘，別把它放在心上，影響自己的個性發展與完善。

·9·

對過去的寬容亦是對自己的
一種善待

寬容如風，帶走那曾經的傷懷，撫平你內心的傷痕，讓你大步向前，讓未來的生命更加精彩。

　　生活總會在記憶中刻下很多讓人難以磨滅的痕跡。每當想起，或為過去的輝煌沾沾自喜，或為過去的困窘黯然神傷。但是不管怎樣，過去總是不會完美，以現在的眼光揣度過去，我們總難以找到那份應有的坦然與從容。

　　美國前總統尼克森從政多年，在他的政治生涯中留下了很多輝煌之頁：抵制住蘇聯咄咄逼人的攻勢；擺脫越戰的泥淖；走進東方的紅色中國。然而在20世紀美國歷史上最大的醜聞——水門事件中，尼克森成為美國歷史上第一位被迫辭職的總統，他的政治生涯也隨著這次醜聞走到了盡頭。在過完80大壽後，他又遇到了一件令他悲痛欲絕的事，他的妻子蓓蒂，一個曾經與他共創政治輝煌的賢內助去世了。已逾80歲高齡的尼克森面對從政和個人生活中的不幸，坦然走過。當有人問起他長壽的祕訣時，尼克森感歎地說：「你不可回首往事，只能向前看。你要找些讓自己生存下去的東西，否則便是生命的終結。」

如果尼克森一直活在過去的記憶裡，很難想像他能在離開白宮的歲月中安然地生活下去。因為無論如何，記憶越輝煌，現實的落差只能使他更傷感，而昨日的窘迫與尷尬留給今天的也只有悔恨與愧疚。既然如此，就寬容你的過去吧。對過去的寬容亦是對自己的一種善待。

　　是的，我們不可以忘記過去，但是我們更不可以讓自己的思想只生活在過去。回憶是一種尋根，尋找你來自何方，既然如此，那麼寬待過去吧，因為今日的成熟也是來源於昨日的幼稚。既然知道往者不可及，就向前看吧，因為來者猶可追。要知道你將去向何方，這才是生活的本質。

·10·

放下包袱，就是寬恕自己

只有能順其自然生活的人才可以寬恕自己。放下心中沉重的包袱，才可在風雨兼程中感受到輕鬆與暢快。

　　順其自然是一種崇高的寬容境界，水在流淌時不選擇道路，同樣地，樹在風中自由自在地搖擺時，它們都懂得順其自然的道理。我們難道不懂嗎？當然不是，人與人之間的比較之心、嫉妒之心，就像兩根棍子，在我們的心中攪動，這時候我們很難找到心理的平衡和安寧。再美好的事物，結果都是一樣的，或好或壞，或高或低，或美或醜，或大或小，感覺上沒有什麼區別，唯一不同的就是過程不同而已，在這個過程中感受痛苦或喜悅，這個過程就是人的境遇，不同的人境遇也有所不同，這是一種無法抵抗的客觀現實，我們也只能順其為之。

　　如果暫時無法改變現實，不如讓很多事情順其自然，如此一來，我們會發現自己的內心漸漸地明朗開闊，思想上也會減輕許多負擔，在世俗的生活中，很多事我們無法改變，很多事我們也無法選擇。然而很多時候，我們卻總要為此牽掛不已，徒然傷神。若能豁達一些，或許我們將不再感到生活是如此疲累困乏。

　　有這樣一個禪的故事：

　　有一座禪院，草地上一片枯黃，小和尚看在眼裡，就對師父

說：「師父，快撒點草籽吧！這草地太難看了。」

師父說：「不著急，什麼時候有空了，我去買一些草籽。什麼時候都能撒，急什麼呢？隨時！」

中秋時，師父把草籽買回來，交給小和尚，對他說：「去吧，把草籽撒在地上。」

小和尚高興地說：「草籽撒上了，地上就能長出綠油油的青草！」

起風了，小和尚一邊撒，草籽一邊飄。

「不好了，許多草籽都被吹走了！」小和尚喊道。

師父說：「沒關係，吹走的多半是空的，撒下去也發不了芽。擔心什麼呢？隨性！」

草籽撒上了，許多麻雀飛來，在地上專挑飽滿的草籽吃。小和尚看見了，驚慌地說：「不好了，草籽都被小鳥吃了！這下完了，明年這片地就沒有小草了！」

師父說：「沒關係！草籽多，小鳥是吃不完的！你就放心吧！明年這裡一定會長出小草的，隨意！」

夜裡下了大雨，小和尚一直不能入睡，他心裡暗暗擔心草籽被沖走。第二天早上，他早早跑出了禪房，果然地上的草籽都不見了。於是他馬上跑進師父的禪房說：「師父，昨夜一場大雨把地上的草籽都沖走了，怎麼辦呀？」

師父不慌不忙地說：「不用著急，草籽被沖到哪裡，它就在哪裡發芽！隨緣！」

不久，許多青翠的草苗果然破土而出，原來沒有撒到的一些角落裡居然也長出了許多青翠的小苗。

小和尚高興地對師父說：「師父，太好了，我種的草長出來了！」

師父點點頭說：「隨喜！」

　　這是一個很好的禪的故事。生活亦是如此,一切需順其自然,按哲學的說法即是遵循規律。挑戰可以改變的,但不妄圖挑戰不可以改變的。這是一種豁達的生活態度。只有能順其自然的人才可以寬恕自己。放下心中沉重的包袱,才可在風雨兼程中感受到輕鬆與暢快。

·11·

用寬恕之心化解怨恨與報復

我們對別人的一舉一動、一言一語要從同情心、諒解心去看他，不要從猜忌心、仇視心去看他。這樣你既不會埋怨別人，別人對你也就有了好感。

　　人與人的相處，照理是應該很親愛很和善的，不應有什麼怨恨和仇視，可是由於各人的個性不同、知識不同、為人不同，往往會因為一點小事，發生極大的爭端，由於爭執不休，於是就造成冤家對頭。這是世間到處可見的事實，我們也會有這樣的人生經驗。彼此既因互相爭執而對立起來，我們是讓雙方就這樣的敵對下去呢？還是要設法解除彼此的仇視呢？關於這一點，佛家認為：為了大家的和樂相處，為了大家的精神愉快，還是把那不祥的氣氛變化而為和善才好。佛經中說：「不可怨以怨，終以得休息，行忍得息怒，此名如來法。」這是佛法解怨的方法。我國有句古話也說：「冤家宜解不宜結。」的確，有怨終需解除，如要解除，那是很苦的，而解除的唯一利器，就是一個「忍」字。老實說，你不想解除怨仇則已，如果要想解除的話，那你必須舉起「忍」這一利器，才能徹底地斬斷怨恨的根株，不然的話，以怨去解怨，無論如何，都是解除不了的。以無怨恨和愛心去解除彼此的怨恨，這是宇宙間永恆不變的真理，哪怕是天翻地覆，海枯石爛，這一真理都是不變的，所以，以忍息怨，是最犀利的武器！

話雖這麼說，但世間的人往往忽略了這一點。在利害相關的大小生活圈子裡，以為必須鬥狠，難倒或打倒對方，才夠稱為強者，才能使自己活得自在。如果不這樣做的話，就覺得自己活得很難受。一方受了損害，就認為必須痛痛快快地報復一下對方，如此循環往復，惡性循環，怨恨就像雪球一樣越滾越大。其實這種想法和做法是完全錯誤的。我們來看一個這方面的帶有寓言性質的佛教故事。

中國有句俗語說：「冤冤相報何時了？」在一條冤仇鏈中，必須有醒悟者自覺地截斷當中的一個環節，才能中止這種可怕的冤仇，否則永無寧期，生生世世誰都活不好。

從前，有一位亡國的國王，被敵人押解到刑場準備受刑。途中，看見自己的兒子長生混雜在人群中，露出悲憤的神色。他不希望兒子為他報仇，就仰天長歎：「不要為我報仇，以怨報怨，怨不能止。」長生明白父親的意思，便含淚離去。

後來，長生在王宮任職，很得新王的信任，升為近臣侍衛。

有一天，新王與長生到郊外打獵。在深山裡，兩人迷了路，無法及時回到王宮。不久，天色晚了，大王便下馬，將佩劍交給長生，並枕在他的膝上睡去。

長生按著劍，想起父親被殺的仇恨，很想殺死國王。但忽然又想到父親死前的教誨，覺得世間冤冤相報，沒有了期。於是他壓抑憤怒，把劍放在國王身邊，轉身離去。

應該說，這位國王的想法及王子的做法是非常智慧的，假設我們都以報復者的姿態出現，誰也不肯讓誰，誰也不肯饒誰，試問這個人世間還有什麼快樂、溫暖可言？

現在，世界這樣的紛擾，人類陷於這樣的苦難，走遍世界每個角落，都有許多不祥和之氣，推究它的根本原因，還不是由於我們

人類不能忍讓而互相怨恨所造成的嗎？更何況怨恨在心，正如一根芒刺扎在心上一樣，雖說痛得那麼厲害，但因為是在裡面，而從外面不大看得出來，所以他人不覺得怎樣難過，而自己卻感到非常痛苦。這麼說來，怨在一般人的心目中，雖被認為是個很小的問題，可是仔細地想一想，它其實是一個很嚴重的問題，是有關人生的大問題。這樣一個重大的問題，卻被許多人所忽視，這不能不說是人類的一大悲哀！說到這裡，或許有人要問：「怨這種東西是怎樣產生的呢？」關於怨的發生，說來是有多種原因的，但最主要的一點就是總站在自己的本位上，單為自己著想，不會站在別人的立場上，多多替別人想一想。做人如能多多替他人設想，那還會懷恨別人嗎？那還會抱怨別人嗎？那還會仇視別人嗎？老實說，那是不會的。所以，我們對別人的一舉一動、一言一語要從同情心、諒解心去看他，不要從猜忌心、仇視心去看他。這樣你既不會埋怨別人，別人對你也就有了好感。

　　做人，要以無怨心與人相處，一人如此，人人如此；在自己方面，可以減去怨憎痛苦；在家庭方面，可以造成和樂的家庭；在社會方面，可以形成有秩序的社會。所以我們不要與人結怨，假使有怨，立刻要設法解除，不要老是怨恨在心，而解除的唯一要道就是忍辱，就是寬恕！

·12·

忘記是人生的一種智慧

為了提高我們的生活品質、調整和改善精神狀態，我們必須學
會忘卻。忘記該忘記的，記憶該記憶的。要成為一個快樂的
人，最重要的是你能清除所有的錯誤與罪惡，然後把它忘得一
乾二淨，使它不再攪亂你的心靈，然後大步往前走。

忘卻，在我們的日常生活中是一件極為常見的事情，同時也是
一件非常重要的事情。人生在世不可能萬事都順利，因此，每個人
都會遇到緊張、挫折乃至失敗，這樣漸漸地就形成了情緒。如果總
是處理不好情緒，必然會給人們的生活帶來負面影響。

為了提高我們的生活品質、調整和改善精神狀態，我們必須
學會忘卻。心理學家柏格森說：「腦子的作用不僅僅是幫助我們記
憶，而且幫助我們忘卻。」其用意就在於提醒人們，要不停地對自
己不健康的情緒進行清理和調整。

我們說，一個聰明的人是不會為自己的情緒所困擾的，他經
常能夠把惱人的往事放在一邊，而讓愉快的心情時時陪伴著自己，
事實上人們也只有這樣才會有旺盛的精神與體力去學習、生活、工
作。從這個意義上講，忘卻是人生的一種智慧。

然而，忘卻畢竟不是一件輕而易舉的事情，尤其是忘卻悲傷、
慘痛、屈辱之類的往事，更是不容易辦到。因為，它們是你的痛、
你的悔，是劃在你心靈上的一道帶血的痕。不過，假如你不忘卻它

們，自己的靈魂就會被它們一點一點地腐蝕，因而變得憎恨、怨懟，甚至造成自己精神的崩潰，陷自己於瘋狂。既然如此，我們為什麼不「瀟灑走一回」呢？

在現實生活中，人們不單要忘卻不愉快的往事，也要學會放得下那些令自己感覺到得意和沾沾自喜的往事。這些事情對於不能夠有效地控制自己的人來說，是很容易陷自己於虛妄的。當你一旦忘卻了它們，你的人生觀、價值觀才會減少偏差，你生命中真正的省悟與領略才會顯現出來。從心理學的角度看，無論是令你無法釋懷而快樂的往事，還是悲傷與憎恨，它們都會使你與現實生活脫節，以致嚴重地威脅你的心理健康和心智的發展。

我們記住的多是對自己影響大的人和事，比如考大學、找工作、升職加薪之類的事總可以如數家珍。至於某些事情，它們雖因為日後有許多被想起的理由而得到反覆的回憶，卻往往也失去了本來的顏色。比如感情，有些人因為愛了所以終生不會忘記，忘記的只是當時快樂和痛苦的感覺而已，所謂往事都隨了風。

記住的並非都是應該記住的，而忘記的大都有值得忘記的理由。你有沒有試過想忘記一段感情、一個人，卻只有依靠時間的流逝；有沒有試過忘記當初的浪漫和誓言，而在平淡的生活裡尋些平淡的快樂；有沒有試過忘記年輕時的癲狂，忘記獨身的快樂而背負諸多的責任？

上帝賦予我們記憶或遺忘的能力，我們常常抱怨自己太容易忘卻，其實，過目成誦，博聞強記固然好，但忘卻不見得絕對不好。生活中有許多痛苦、尷尬、恩怨，就是因為我們會忘卻，這些對身心有害的成分才會漸漸地被沖淡，漸漸地使我們脫離了受過的苦痛，這樣我們才能擁有快樂和幸福。然而，在我們的生活中，要學會忘掉那些無用的甚至有害的東西卻很難。

我們從小就「記吃不記打」，保持這點不泯滅的童心就可以忘掉個人的恩怨。但有時又聽到一種責備：「你好了傷疤忘了痛

呀！」我們應該這麼回答他：「該忘卻時就忘卻，難道要記一輩子？」這是一種睿智者的生命的聲音，假若生命沒有這樣的自衛本能，如何還能正常地生活，世上還怎會有勇敢、快樂和幸福？一個人若把所有的事情統統記住，那麼，他不累死也得發瘋。

正常的忘卻是人類的生理與心理所必需的。有醫療個案表明，一個人如果記憶出現異常，凡是經歷過的事都不會忘記，那麼他每天的活動都會充滿混亂。再說，人有旦夕禍福，古往今來，天災人禍，留下多少傷痕，如果一一記住它們的疼痛，人類早就失去了生存的興趣和勇氣。沒有「忘記」的生存，是痛苦的生存。要活下去，就不能記得太多。忘卻，在某一層次上是值得讚賞推崇的，人類是在忘卻中前進的。

當然，有些太深的傷痕是難以癒合，也難以真的忘卻的。在晴朗的日子，它們沉睡著，一旦遇陰天就會作痛，甚至會悄悄流血。但是，帶著傷痛頑強地活下去，忘卻的是痛苦，而不忘的是在激勵著人們不斷探索，去開拓新的生命疆域。這難道不是人類尋常的命運在忘卻中改變的嗎？

古人云：「施人慎勿念，受施慎勿忘。」如果我們總能記取那些善的，而忘記那些醜惡的，世界就會變得更加美好。

背負著過去的痛苦，夾雜著現實的煩惱，這對於人的心靈而言無任何益處，反會造成厭倦和悲觀的生活情緒，與其這樣，超脫地忘掉不也是一種幸福嗎？不也是一種明智的選擇嗎？這不是讓人去逃避，而是讓人拿起忘卻這把刀子，割掉人生的闌尾，在忘卻中進步，去努力進取。

學會忘卻，在某一層次上是一種境界，是值得我們推崇讚賞的；學會忘卻，你就是勇敢、快樂和幸福的人。

所謂最快樂的事情，也許只不過是聞到一朵鮮花的芳香；或者是隔著窗簾望見窗外金黃色的陽光；或者是朋友口中無意講出來的一句溫馨話語；或者是一件小小的仁慈義舉；或者是聽到一首優

美抒情的歌曲……讓自己在心裡去尋找這樣一件小小的、快樂的事情，並努力去體會，這是在你進入夢鄉之前最有收穫的一次心靈之旅。

忘記該忘記的，記憶該記憶的。要成為一個快樂的人，最重要的是你能清除所有的錯誤與罪惡，然後把它忘得一乾二淨，使它不再攪亂你的心靈，然後大步往前走。

第七章

寬容就要學會
忍讓

——凡事退一步，天地自然寬

·1·

克己忍讓，生活天地自然寬

克己忍讓，意為「克制自己，忍讓他人」。它並不是說一個人懦弱可欺，相反，它展現的是一個人寬容的美好性格、寬闊的心胸以及自信、堅韌的品格。

在人際交往中，不要只盯住一己之私利，要盡量掃除報復之心和嫉妒之念。要以大局為重，眼光要高遠，胸襟要博大。特別是涉及大局時，就必須克己忍讓，寬容待人。要具有「白日依山盡，黃河入海流。欲窮千里目，更上一層樓」的胸襟。

克己忍讓歷來是中華民族的傳統美德。

《荀子·儒效》中寫道：「志忍私，然後能公；行忍惰性，然後能修。」被譽為「亙古男兒」的宋代愛國詩人陸游，胸懷「上馬擊狂胡，下馬草戰書」的報國壯志，也寫下過「忍志常須作座銘」。這種忍耐，不正凝聚著他們頑強、堅韌的可貴品格嗎？有誰說他們是懦弱可欺呢？

晉朝朱伺說：「兩敵相對，唯當忍之；彼不能忍，我能忍，是以勝耳。」（《晉書·朱伺傳》）這裡所說的「忍」，正是一個人寬容性格及頑強精神的展現。

我國古代哲學家老子曾說：「功成而弗居，夫唯弗居，是以不去。」意思是說：有功而不要自居，正由於不居功，所以功績不會失去。又說：「夫唯不爭，故天下莫能與之爭。」意思是：正因不

與人爭，所以天下沒有誰能爭得贏他。這些都凝聚了中華民族深邃的智慧與博大的胸懷，是健全人格所應具備的品格。

中國古人還認為，謙讓、禮讓是德與禮的主體。一人讓，從而帶動人人讓，國家便可安寧、長久。

其實，古往今來，每一名成功者都具有克己忍讓的優秀性格，能夠做到得容人處且容人。

德國著名作家歌德，有一天到公園散步，迎面走來了一位曾經對他的作品提過尖銳批評的批評家，這位批評家站在歌德面前高聲喊道：「我從來不給傻子讓路！」

歌德卻答道：「而我正相反！」一邊說，一邊滿面笑容地讓在一旁。

歌德憑藉克己忍讓的寬容性格及幽默語言的巧妙運用，避免了一場無謂的爭吵。

人們在社會交往的過程中，難免會發生各式各樣的矛盾和衝突，在這種情況下，如果互不忍讓，必將使矛盾激化、衝突升級，加重雙方的對抗心理，最終產生不可收拾的局面；即使一方憑藉權力或武力去壓倒對方，那也只能造成壓而不服，或口服心不服的狀況。而高明的方法應該是克己忍讓，禮讓三分，得容人處且容人，讓事實來「表白」自己。一旦你這樣做，你的寬容品格必然會激起對方的愧疚感，對方會打心底由衷地佩服你，這樣也就能夠化干戈為玉帛，形成良好和諧的人際關係，你不僅不會失去名望，而且還能獲得真誠的擁護者及珍貴的友誼。

在現代社會中，不同程度的「恩怨」往往會由於各種矛盾和關係的調節與處理不當而產生，使得社會上出現許多不安定的因素，使每個人的身心都受到極大的傷害。因此，儘管克己忍讓必定要以自己的某種犧牲為代價，但由此換來的個人的利益卻是無法估量

的，這也是「克己忍讓」的價值。

很久以前有一位猶太智者曾經說過，大街上有人罵他，他連頭都不回，他根本不想知道罵他的人是誰。因為人生如此短暫和寶貴，要做的事情簡直就太多了，何必為這種令人不愉快的事情浪費時間呢？這位智者的確把自己的容人之心和忍讓品格修練到了一定的境界。

因此，在生活和工作中，每一個人都應當養成這種克己忍讓的良好性格，都應該時刻知道自己該做什麼和不該做什麼，知道什麼事情應該認真，什麼事情可以不屑一顧。當然，要真正做到這些也並不是什麼簡單的事，它需要經過長期而艱苦的性格上的磨礪，培養自己良好的修養，能夠做到善解人意，善於從對方的角度設身處地思考和處理問題，多一些體諒和理解，這樣才能塑造寬容忍讓的好性格，才能在人際交往中多一些友善的情誼，創造出和諧的人際關係。

·2·

在人生路上謙讓三分，就能天寬地闊

> 能夠忍讓是可貴的，忍讓並不意味著退卻不前或懦弱可欺，並不是面對誤解、委屈，甚至誹謗而無動於衷。忍讓，顧全的是大局，著眼的是未來。

　　忍耐和憤怒是造福和招禍的一個重要關口。忍是「心」字頭上一把刀，表示如果不忍，就會招來災禍。每個人來到世上後，都會遇到許多不順心、不如意的事，甚至還會碰到被冤枉、被欺負的事，在此關頭，是忍還是怒，可能在這短暫的時間內就能決定你的禍福。

　　有許多人，為了一些小利益或是一些雞毛蒜皮的事而發生口角之爭，互不相讓，以致大吵大鬧，進而大打出手，結果往往兩敗俱傷，甚至危及生命。由此可見，忍字是多麼重要。古人云：「忍一時風平浪靜，退一步海闊天空。」當然忍也有個原則，例如當大眾的利益受到損失，國家的榮譽受到侮辱時，這都不必忍，必須挺身而出。

　　事事不與人爭，自然不會得罪人，但人在官場，在其位要謀其政，不可能既做了好官又左右逢源。堅持秉公執法，自然會與某些人結怨，所以能在這時候忍仇不爭，就更能顯示一個人的心胸了。

　　劉秀手下的潁川太守寇恂是個很懂得顧全大局而又非常聰明的

人。堅持秉公執法，因而得罪權貴，結下怨仇，按理來講，寇恂沒有任何過錯。但對方毫不知趣，幾番尋釁。寇恂巧避仇恨，不去做無意義的爭鬥，是個善於忍仇的人。

有一次，執金吾賈復從京城洛陽去汝南郡，他手下的一個小軍官在潁川殺了人，寇恂派人逮捕了他後，將其在大街上砍頭示眾。賈復在汝南郡聽到這件事，認為這是寇恂故意掃他的面子，氣得罵道：「真是豈有此理，打狗還得看主人呢！寇恂這小子，我絕饒不了他！」不久，賈復從汝南回洛陽，快到潁川時，對左右的人說：「我見到寇恂，一定要親手殺了他！」寇恂知道賈復不會放過他，就決定躲開，不跟賈復見面。

可是，賈復是京城來的大官，他從潁川路過，太守完全避開不見面也是不行的。寇恂想了想，吩咐手下備下豐盛的酒菜，等賈復和他的隨從們來後給每人送上兩份酒食。賈復的隊伍一進潁川地界，郡裡的官員們就按照寇恂的安排，熱情地迎上前去，獻上好酒好菜，一個勁兒地勸他們多吃多喝。等他們吃飽了，喝足了，寇恂突然趕來，表示歡迎，然後推說有病，匆匆忙忙地走了。賈復急忙叫人去追，但手下一個個喝得醉醺醺、吃得飽飽的，爬不起，跑不動，只好眼看著寇恂走遠了。

寇恂是一個不計較個人恩怨，以國家利益為重的人。他能夠清醒地對待別人對於自己的仇視，不與他人去爭長論短，而是機智避退，並不是他軟弱無能，而是一個忠直之臣的過人之處。寇恂忍仇不爭、不鬥，是心胸博大，為國家著想，如若不忍，與賈復刀對刀，槍對槍地爭鬥起來，只能是仇更深，怨更大，解決不了什麼問題。而退一步，對自己、對國家都有利，正是所謂退一步海闊天空。

朋友的誤解，親人的錯怪，流言製造的是非，訛傳導致的輕信……此時生氣無助於霧散雲消，只有一時的忍讓才能幫助你恢復

應有的形象，得到公允的評價和讚美。

　　忍讓者總是以寧靜平和的心緒去感化他人的淺薄行為，以寬厚博大的胸懷去容納他人的悖理舉動，最終以無可爭議的事業成功來警示世人。因此，我們可以這樣說，忍讓是理性的以柔克剛，以退為進；能忍讓者，意志必堅韌，必定具有良好的心理素質和道德品格，也必定能得到大家的擁護和尊敬。在人生道路上能謙讓三分，就能天寬地闊。

·3·

該退則退，未嘗不是一種成功

漫漫人生路，有時退一步是為了跨越千重山，或是為了破萬里浪；有時低一低頭，更是為了昂揚成擎天柱，也是為了響成驚天動地的風雷；退步是為了更好地進步！

退讓不是遇事懦弱退卻，消極迴避，縱容醜惡；也不是挨打一次罵一句「兒子打老子」的阿Q式精神勝利法。俗話說：「退一步路更寬。」這裡所說的退是另一種方式的進。暫時退卻，養精蓄銳，以待時機，這樣的退後再進則會更快、更好、更有效、更有力。退是為了以後再進，暫時放棄某個有礙大局的目標是為了最後實現更大的成功。這退中本身已包含了進的含義了，這種退更是一種進取的策略。

從前，有一條大河，河面波濤洶湧。有一天，在河的兩岸來了兩隻小山羊，牠們各自要到對岸去。

河上只有一座獨木橋，僅用一根圓木搭成。當兩隻小山羊走到中間時，因橋面太窄，牠們兩隻誰也無法通過，但牠們也絲毫不肯相讓。於是兩隻小山羊在橋上打了起來，角對角拚死相抵地頂撞，最終雙雙筋疲力盡，跌落橋下被河水淹死了。

還有一個小故事是這樣的：

古代有個叫陳囂的人，他與一個叫紀伯的人做鄰居。有一天夜裡，紀伯偷偷地把陳囂家的籬笆拔起來，往後挪了挪。

　　第二天早晨，陳囂發現自己家的地少了一些，心裡想，你不就是想將自己的家的地擴大點，我滿足你。他等紀伯走後，又把籬笆往後挪了一丈。天亮後，紀伯發現自家的地又寬出了許多，知道是陳囂在讓他，他心中很慚愧，於是主動找上陳家，把多侵佔的地方統統還給了陳家。

　　上面是兩個有關讓步的小故事，一反一正，不用說，其中的道理一目了然。在《菜根譚》上說：「徑路窄處，留一步與人行」的道理，意思是說，在狹窄的路口處，不妨讓別人先行，自己退讓一步，表面看來，自己吃虧，但實際上，如果彼此都不相讓，勢必會兩敗俱傷，倒不如稍作退讓，從而免去災難。

　　在形勢不利於自己發展的時候，必須採取委曲求全的策略，耐心等待時機，千萬不可操之過急。古人說：「小不忍，則亂大謀。」每個人都應該擁有自己的人生目標和理想，為了達成它，甘受寂寞和白眼，甚至被朋友親人誤解，都應該在所不惜。

　　俗話說：「好漢不吃眼前虧。」面對強權惡勢、利刃槍口、亡命之徒，你不明智退讓，無異於以卵擊石，自尋死路。一個處世成功的人，不僅懂得在該進的時候要進，更懂得在該退的時候要退。倘若針尖對麥芒，一個勁以硬碰硬，最後只能落得兩敗俱傷、玉石俱焚的下場。完美的退讓也是一種勝利，老子曰：「功成身退，自然之道」。他認為，適時的退讓是一種非常好的心態。

　　英國前首相邱吉爾在競選失敗時留下一句名言：「酒店打烊我就走！」退讓有時成為一種境界。當你的事業處於巔峰不能再發展，當你的收穫已經夠豐盛、資源已經被你利用得差不多或引起他人的敵意時，見好就收，急流勇退，這未嘗不是一種成功。孫子說：「兵無常勢，水無常形」，天地間沒有一成不變的事情，萬事

萬物，隨時而變，隨地而變。「三十年河東三十年河西」，運轉輪迴，好運也不可能常在你左右，倘若你能夠放下心中妄念，從容理性、胸懷寬廣、心平氣和、該退則退、該讓則讓、以變應變，你完全可以退為進，以守為攻，一旦時機成熟，你即可反敗為勝。

·4·

退一步，也許會有另外一種風景

> 忍讓，是一種清心劑，是一幅健康的心電圖，是美好世界的通行證。讓世界多一分寬容，使幸福和快樂永遠伴隨著你，伴隨著我，伴隨著他……

「退一步海闊天空，讓三分心平氣和」。忍讓，並非是窩囊，而是一種寬容精神，是人們不可缺少的美德。忍讓可以使人與人之間友好相處，和諧發展。有些人之所以缺乏忍讓精神，就是錯把忍讓當窩囊，怕時間長了成了任人隨意捏的「軟柿子」，因而是得理不讓人，無理爭三分。其實，「海納百川，有容乃大」，能忍讓時則忍讓，以寬容之心對待他人，這也是一個人的思想修養和道德情操高尚的展現。

唐代著名的和尚詩人寒山曾問拾得：「世間有人謗我、欺我、辱我、笑我、輕我、賤我、騙我，如何處之乎？」拾得答道：「只有忍他、讓他、避他、由他、耐他、敬他、不要理他、再過幾年，你且看他。」

拾得的回答充滿了為人處世的智慧。忍絕不是消極退縮，忍正是涵養性情、磨練志氣、堅定決心的不二法門。發怒是最容易的事，而忍氣吞聲也並不難。動輒發火的人是逃避現實的懦夫，忍者

才能冷靜地面對現實，莽撞使人失敗誤事，忍耐才是無法攻破的堡壘。

在人生跑道上的長跑者，不要只顧向前狂奔，有時退一步，也許會看到另外一種風景。

《寓圃雜記》裡面記述了楊翥的兩件事：楊翥的鄰居丟了一隻雞，便罵是姓楊的偷去了。家人告訴楊翥，楊翥說：「又不是只有我們一家姓楊，隨他罵去！」又有一鄰居，每逢雨天，便將自家院子裡的積水排放到楊翥院中。家人告知楊翥，他卻勸解家人：「總是晴天的日子多，下雨的日子少。」久而久之，鄰居們被楊翥的忍讓所感動。有一年，一夥賊人密謀搶劫楊家，鄰居們主動幫楊家守夜，使楊家免去了這場災禍。

善有善報，如果沒有楊翥的主動忍讓，結果可能是被賊人洗劫一空。

與人相處，不時會遇到他人犯下小錯，這也許會危害到你的利益，但如果不是大的原則問題，不妨一笑了之，顯出一些大家風範。大度詼諧有時比橫眉冷對更有助於問題的解決。對他人的小過不予追究，實際上也是一種忍讓的態度，有時候這種忍讓會使人沒齒難忘。

20世紀50年代，許多商人知道于右任是著名的書法家，紛紛在自己的公司、店舖、飯店門口掛起了署名于右任題寫的招牌，以招攬生意，其中確為于右任所題的字卻極少。有一天，于右任的一個學生匆匆地來見老師：「老師，我今天中午去一家平時常去的羊肉泡饃館吃飯，想不到他們居然也掛起了以您的名義題寫的招牌！而且字寫得歪歪斜斜，難看死了。」正在練習書法的于右任，因此放下毛筆然後緩緩地說：「這可不行！」

于右任沉默了一會兒。順手從書案旁拿起一張宣紙，拎起毛筆，龍飛鳳舞地寫了：「羊肉泡饃館」幾個大字，落款處則是「于右任題」幾個小字，並蓋了一方私章。

　　於右任緩緩地說：「這冒名頂替固然可恨，但畢竟說明他還是瞧得上我于某人的字，只是不知真假的人看見那假招牌還以為我于大鬍子寫的字真的那樣差，狗屎不如，那我不是就虧了嗎？我不能砸了自己的招牌，壞了自己的名！所以，幫忙幫到底，麻煩你跑一趟，把那塊假的給換下來。」轉怒為喜的學生於是拿著于右任的題字匆匆趕去換下招牌。

　　海明威曾說：「我可以被毀滅，但不可以被打敗。」的確，這種傲視萬物，不屈不撓的精神很值得我們學習。然而，在生命的航程裡，沉沉浮浮在所難免，開心或不開心的事情很多，不管我們願不願意，總有人是我們喜歡的，也總有人是我們不喜歡的，心情有好的時候也有壞的時候。面對這洶湧的波濤，我們不一定是最好的舵手。那麼，我們不妨給自己一次低頭喘息的機會——適時服輸。

　　人與人之間難免有衝突，總免不了有許多的不如意，如果一味地鑽牛角尖，或許受傷害最深的不是別人，而是你自己。這時候我們不妨對自己說：「退一步，也許是另外一種風景。」我們是社會上的一員，而不是一個獨立的個體，相信在擁有一份寬容之心的同時，也會擁有更多的生活快樂。如果我們一味地不肯相讓或是一方過於執拗，使本可以化解的心結愈結愈深，使原本不是什麼大事的問題越談越僵。如此往復，何時才能終結？倒不如，各自退一步皆大歡喜。

　　有的人鄙視服輸者，他們的信念永遠是那麼堅定，靈魂總是那麼孤傲自負，似乎手裡捧著的只有所向披靡。多多少少，我們也會被這種執拗的倔強而感動。但是，勝敗乃兵家常事，他們何以如此拒絕服輸？正如對弈，技不如人既成事實，卻不肯認輸，這難道不

與阿Q的精神勝利法很像嗎？況且「江東子弟多才俊，捲土重來未可知。」你這次失敗了，下次捲土重來不就可以了嗎？

人生不是電影，不會定格在某一個畫面。日子在往前走，生活也要繼續。你依舊在顛簸的旅途奮力前行，偶爾絆倒摔跤了，也不是長臥不起，還會爬起來，不是嗎？那麼，這就不是輸，只不過是暫時沒有贏！

一個溺水的游泳健將，不是敗在洶湧的江水前，而是因為不肯低頭暫時服輸而迷惑了心靈。我們不禁要問：有幸來世上已屬不易，何必對一些小挫折耿耿於懷，為逞一時之勇，甚至於連年輕的生命也要輕易搭上？畢竟，不是每一件事都值得我們用生命去堅持。

不要鄙視服輸者，在關鍵之時，收回邁向懸崖的腳，適時服輸，給生命一條出路，也給以後的重新邁進一次機會。畢竟，路還很長，大丈夫能屈能伸，何必逞匹夫之勇？況且，適時不是永遠，服輸不是放棄。在適當的時刻，能聰明地低頭，方能積蓄力量、厚積薄發！

有一首禪詩說得好：「手把青苗插滿田，低頭便見水中天。六根清淨方為道，退步原來是向前。」忍一時退一步，這邊風景獨好，也不失為一種超然的智慧與灑脫。

·5·

忍小節，才能做大事

> 金無足赤，人無完人，我們要用的是一個人的才能，不是他的過失，忍小節，才能做大事！

　　孔子說：「小不忍則亂大謀。」要做大事，需統觀全局，不可糾纏於小事當中，擺脫不出。處理事情的時候，一味地強調細枝末節，以偏概全，就會抓不住關鍵問題去做工作，沒有重點，頭緒雜亂，不知道從哪裡下手去做。由此可見，是否理智地處理事情，有時就成為事情成敗的關鍵。

　　古人有「萬事以忍為上」的古訓，但不是什麼事都忍，而應該分析局勢，做出失小得大的決策。隱忍小節，大事上才能精明，這才是明智之舉。

　　明代馮夢龍在《智囊》一書中講了這樣一個故事：長洲尤翁是家當舖老闆，年底某天，忽聽門外一片喧鬧聲。出門一看，是位鄰居。站櫃台的夥計上前對尤翁說：「他將衣服押了錢，今天卻空手來取，不給他就破口大罵，有這樣不講理的人嗎？」那人仍氣勢洶洶，不肯相讓。尤翁從容地對他說：「我明白你的意思，不過是為了度年關，這種小事，值得一爭嗎？」於是讓店員找出典物，共有衣服、蚊帳四五件。尤翁指著棉襖說：「這件衣服抗寒不能少。」又指著長袍說：「這件給你拜年用，其他東西現在不急用，可以留

在這兒。」那人拿到兩件衣服，無話可說，立刻離開了。當天夜裡，他竟死在別人家裡。他的親屬與那家人打了一年多的官司。原來此人因負債過多，已經服毒，知道尤家富貴，想敲筆錢，結果一無所獲，就轉移到另外一家。有人問尤翁，為什麼能預先知情而容忍他。尤翁回答：「凡無理來挑釁的人，一定有原因。如果在小事上不忍耐，那麼災禍就會立刻到來。」人們聽了這話，無不佩服他的見識。

在現實生活中，因小事釀成大禍的也時有發生。無論發生什麼事情，一定要穩重，不要逞一時之快。尤翁如果允許僕人去打鬥，也許會因為小事而釀成大禍，實在是沒有必要。

因為對小事不能忍，而自毀前程的還有西漢的賈誼。賈誼18歲的時候就能誦詩寫文，遠近聞名，22歲便得到漢文帝的賞識，成為當時最年輕的博士官。但是好景不長，由於他恃才自傲，傷了朋友的自尊心，再加上別人嫉賢妒能惡語中傷，致使文帝很快就對他失去了興趣。因此被免官削職離開了朝廷。他受到的排擠和打擊可想而知，賈誼因此憂傷萬分，精神不振，一病不起。他怨天尤人，「自傷哭泣，以至於夭絕。」可惜一代才子，就這樣斷送了自己遠大的前程。

蘇東坡專為此事寫了一篇題為《賈誼論》的文章，他在文中寫道：「夫謀之不見用，則安知終不復用也，不知默默以待其變，而自殘至此，嗚呼！賈生志大而量小，才有餘而識不足也。」這真可謂是一語中的——不能忍受暫時的挫折，哪有來日施展才華的機會？

有志向、有理想的人，不應在小節上糾纏不清，而應有開闊的胸襟和遠大的抱負。在生活當中，往往有很多表面上看起來是吃虧的事情，比如工作的調動、環境的變遷、上司的冷淡等等。面對這些事情，我們應該做到能夠低調處理，泰然處之，心胸開闊，目光

放遠一些。看這些事情對自己的長遠發展是否有利，而不去逞匹夫之勇。對於剛步入社會的年輕人來說，恰當的理智，適宜的克制，隱忍小節，是做事時智慧的表現。

·6·

有理也要讓三分，得饒人處且饒人

哲人說：「寬容和忍讓的痛苦能換來甜蜜的結果。」一個人經歷一次忍讓，會獲得一次人生的亮麗；經歷一次寬容，會開啟一扇愛的大門。

《增廣賢文》是我國民間流傳甚廣的一本關於做人的小冊子，裡面收集了許多久經驗證的富有哲理的民諺俗語，其中的一條就是：「饒人不是癡漢，癡漢不會饒人。」也有把這句話說成：「有理也要讓三分，得饒人處且饒人」。這條哲理告訴人們，凡事都應適可而止，給自己留下一條後路。

有一位好萊塢的女演員，失戀後，怨恨和報復心使她的面孔變得僵硬而衰老，她去找一位最有名的化妝師為她找回美貌。這位化妝師深知她的心理狀態，因此中肯地告訴她：「你如果不消除心中的怨和恨，我敢說全世界任何美容師都無法美化你的容貌。」

哲人說：「寬容和忍讓的痛苦能換來甜蜜的結果。」

「她不可能賣得好，我敢打賭，如果超過100萬本，我把鞋子吃下去。」這是一位脫口秀主持人針對美國總統柯林頓的妻子希拉蕊寫的自傳的辛辣評價，但上天往往喜歡捉弄把話說絕的人，希拉蕊的自傳沒過幾個星期，就熱銷了一百萬本。主持人這下該品嚐鞋子

的味道了。

沒錯，他的確吃鞋子了。不過，鞋子的質地不同尋常，主持人吃下的是總統夫人特意為他訂做的鞋子形狀的蛋糕。那味道一定棒極了，因為它裡面加了一種特殊的調味料——寬容。

面對主持人的嘲諷，希拉蕊並沒有給予猛烈的回擊或等著看他吃鞋子，而是用一種幽默寬容的方式巧妙地化解了這場矛盾。總統夫人因寬容而更加讓人敬佩，蛋糕鞋子因寬容而更加美味可口。

忍讓和寬容說起來簡單，做起來並不容易。因為任何忍讓和寬容都是要付出代價的，甚至是痛苦的代價。人的一生誰都會碰到個人利益受到他人有意或無意侵害的情況，為了培養和鍛鍊良好的心理素質，你要勇於接受忍讓和寬容的考驗，即使感情無法控制時，也要緊閉住自己的嘴巴，管住自己的大腦，忍一忍，就能抵禦急躁和魯莽，控制衝動的行為。寬容和忍讓是制止報復的良方，你經常帶著這個「護身符」，定會保你一生平安。因為善於寬容和忍讓的人，不會被世上不平之事所擺弄，即使受了他人的傷害，也絕不冤冤相報。

哲人說：「寬容和忍讓的痛苦可以換來甜蜜的幸福。」一個人經歷一次忍讓，會獲得一次人生的亮麗；經歷一次寬容，會開啟一扇愛的大門。當你不給別人留一條活路時，任何人都會進行頑強的反抗，這樣雙方都不會有什麼好結果。因此，做人永遠要記住「有理也要讓三分，得饒人處且饒人」這一古訓。

·7·

無論你有多麼委屈，都不要逞一時之快

> 人們只要以律人之心律己，恕己之心恕人，保持寬容心態，就能做個心寬量大、事事順暢的人。

　　每個人都希望自己的每一天都能過得開心，可是既然是生活，就總會有一些小波瀾的揚起、小浪花的飛濺。在這種情況下，斤斤計較會讓自己的日子過得陰暗、乏味，使自己的生活滑向苦悶的深淵。只有豁達的胸襟才能讓每天的生活充滿燦爛的陽光。

　　我們只要生存在社會，就得要與各種各樣的人打交道，這就免不了面臨著有與別人發生矛盾與衝突的可能。有的人能與交往的人平和地相處，有的人卻與周圍的人為雞毛蒜皮的事而紛爭不斷，其間的界限從心理上說就是能忍與不能忍。

　　有時別人的某一句話、某一個動作、某一個眼神或某一件小事，都有可能成為你鬥氣的導火線。面對這些事時，有時你會覺得別人對你不尊重，對你不利，是在攻擊你，但正確的處理方式是你不要總是一本正經地對待小摩擦，不要一味地自以為是，這會使你費神勞心，結果只能是自己跟自己過不去。在生活中，無論你有多麼委屈，都不要逞一時之快，記住小忍人自安。

　　要學會不在意，別總把任何事都當回事，別去鑽牛角尖，別太

要面子，別事事認真，別把雞毛蒜皮的小事放在心上，別過於看重名利得失，別為一點小事而著急上火……動不動就大喊大叫，往往會因小失大，做人就要有「忍」的功夫。

人們總愛把大哲學家蘇格拉底的妻子作為悍婦、壞老婆的代名詞。據說，蘇格拉底的妻子是個心胸狹窄、冥頑不靈的婦人。她經常嘮叨不休，動輒破口大罵，常常使大哲學家困窘不堪。

有一次，別人問蘇格拉底：「你為什麼要娶這麼一個女人？」他回答說：「擅長馬術的人總要挑烈馬騎，騎慣了烈馬，駕馭其他的馬就不在話下。我如果能受得了這樣的女人，恐怕天下就再也沒有難以相處的人了。」

所以說，與難以相處的人交往，從另一個角度來說，就是對自己的一種歷練。每一個人都有缺陷，如果不知容忍，你就沒辦法與人相處。人與人之間的矛盾、摩擦在所難免，你是咄咄逼人的鬥氣呢？還是息事寧人？退一步海闊天空更自在，進一步龍虎相鬥兩敗俱傷。遇事彼此相讓，矛盾就會消除在揮手之間。可現實中總有一些人好逞一時之氣，為本不足掛齒的小摩擦吵得不可開交，甚至刀棒相加，不惜輕擲血肉之軀，去換取所謂的「自尊」，這是多麼的可悲可歎啊！

的確，生活中有時會遇到意外情況，這往往使你陷入尷尬的局面，這時，如能採取某些妥善措施，讓對方面子上好看些，那是再好也不過的事，這會使對方永遠感激你。千萬別為了一場小爭執、一次小摩擦而鬥氣，毀了他人也毀了自己，那是毫無價值的。鬥氣通常是發生在一時之間，是人的不滿情緒的流露，忍一忍就會心平氣和。

工作中，我們會遇到不快：被上司責備，就覺得心裡不舒服；自己的薪資比別人低，覺得不公平；同事之間相處不好，覺得被排

擠；每天加班無止境，覺得太委屈……不快樂的理由太多，我們要
學會對其一笑置之，不要每天抱怨連連，要是鬥氣的心理在作怪
的話，你就不會快樂，更會使你走向極端。俗話說：「忍得一時之
氣，能解日後之憂。」人們只要以律人之心律己，恕己之心恕人，
保持寬容心態，就能做個心寬量大、事事順暢的人。

·8·

做人應該保持一顆謙卑的心

任何人所擁有的一切，與有大美而不言的天地相比，與浩瀚無際的宇宙相比，就如滄海一粟，實在是微不足道。從歷史的長河來看，不管我們擁有什麼，擁有多少，擁有多久，都只不過擁有極其渺小的瞬間。人譽我謙，又增一美；自誇自敗，又增一毀。無論何時何地，我們永遠都應保持一顆謙卑的心。

謙卑是找對自己的位置。一個人在時代、事業與家庭中都有一個最合適的位置。聰明的人最清楚自己的位置在哪裡，坐下來，像觀賞電影一樣展開自己的人生。而另一些人，終生都在尋找自己的位置，而無暇坐下來做應做的事情。無論在任何際遇裡，你只要謙卑，生活的位置就會向你顯示出來。

謙卑是美。諂媚、奴顏、趨炎附勢種種惡行與謙卑無關。謙卑是虛懷若谷顯示的平靜，是洞悉人心之後的安然，是進退自如的沖和。謙卑不是讓你畏縮於人前，它是心智的清明，在天地大美前豁然醒悟後的喜悅。謙卑使人煥發出美，不光彬彬有禮，也不光以顏悅人，它是一個人在經歷滄桑後才有的一種親切，大善盈胸之際的一份寬厚，物欲淘淨之餘呈現的一顆赤子之心。這種姿態超凡脫俗，使人心儀不已。這就是謙卑的力量。

弗蘭克·科克講述了自己的一次親身經歷：

　　兩艘派赴集訓分艦隊的戰艦數天來一直冒著惡劣的天氣在海上航行。我在領頭的一艘軍艦上服役，夜幕降臨之際，我正在艦橋上值班。此時團團濃霧密布天空，能見度極低，所以艦長仍留在艦橋上關注著所有的活動。

　　天黑後不久，艦橋一翼的監視哨報告說：「燈光，在船首右舷方位。」

　　「那船尾是活動的還是不動的？」艦長喊道。監視哨回答：「不動，艦長。」這意味著我們與那條船有極大的可能相撞。於是，艦長對信號兵喊道：「發信號給那艘船：我們處在相撞的航線上，請將航向轉20度！」

　　信號回來了：「還是你轉20度為好。」

　　艦長說：「發信號，我是艦長，請轉20度。」

　　「我是一名二級水手，」對方回答說，「你最好轉20度。」

　　此時，艦長暴跳如雷，他怒氣沖天地喊道：「發信號，我是軍艦，將航線轉20度。」

　　閃爍著的燈光打了回來：「我是燈塔。」

　　我們轉了航向……

　　在日常生活中，我們有多少人曾經試圖讓「燈塔」改變航向！伯特蘭·羅素指出：「懷有各種各樣愚蠢的見識乃是人類的通病。要想避免這種通病，並不需要超人的天才。」富蘭克林則總結出以下幾項簡單原則，雖然不能保證你不犯任何錯誤，卻可以保證你避免一些可笑的錯誤。

　　「我立下一條規矩，絕不正面反對別人的意見，也不讓自己武斷。我甚至不准自己表達文字上或語言上過分肯定的意見。我絕不用『當然』、『無疑』這類詞，而是用『我想』、『我假設』或『我想』。當有人向我陳述一件我不以為然的事情時，我絕不立刻

駁斥他，或立即指出他的錯誤，我會在回答時，表示在某些條件和情況下他的意見沒有錯，但目前來看好像稍有不同。我很快就看見了收穫。凡是我參與的談話，氣氛變得融洽許多。我以謙虛的態度表達自己的意見，不但容易被人接受，衝突也減少了。我最初這麼做時，確實感到困難，但久而久之，就養成了習慣，也許，50年來，沒有人再聽到我講過太武斷的話。這種習慣，使我提交的新法案能夠得到同胞的重視。儘管我不善於辭令，更談不上雄辯，遣詞用字也很遲鈍，有時還會說錯話，但一般來說，我的意見還是得到了廣泛的支持。」

其實，富蘭克林在這裡並沒有提出什麼新的觀念——這只不過顯示了他人格成熟的重要標誌：寬容、忍讓、和善。任何人所擁有的一切，與有大美而不言的天地相比，與浩瀚無際的宇宙相比，都猶如滄海一粟，實在是微不足道。從歷史的長河來看，不管我們擁有什麼，擁有多少，擁有多久，都只不過是擁有極其渺小的瞬間。人譽我謙，又增一美；自誇自敗，又增一毀。無論何時何地，我們永遠都應保持一顆謙卑的心。

·9·

為人處世不能器量狹小

「宰相肚裡能撐船。」一個人只要有大度的胸襟，非凡的器量，就會廣結良好的人緣，才能在社交的王國裡叱吒風雲；反之，如果你器量狹小，嫉賢妒能，誤以為自己聰明至極，非同一般，而對他人百般挑剔，眼中容不下任何人、任何事，那必然失去人心，最終失去事業。

恐怕誰都會碰到這樣的人，小肚雞腸，一點小事也會記恨，為別人的一句無心之言而氣上許久。這樣器量狹小的人自然不會有什麼好人緣，也更不會成就什麼大業。寬容最易得人心，與人交往，度量狹小，誤以為自己聰明過人，往往難有人緣。相反地，雖賢能卻能謙卑地對待別人，沒有不得人心的。

寬容是誠實為人的美德，是友善、明智的展現，它不僅在社交上具有極大的價值，對你的職業生涯，對你的事業的成功也具有不可估量的推動作用。

三國時東吳有一個叫張昭的老臣，雖然孫策在死時曾委大任於他，但他最終因為自己器量狹隘而未能拜相。

有一次孫權大宴群臣，讓諸葛恪給大家敬酒。諸葛恪就給大臣們一一敬酒，對到張昭面前時，張昭已經醉了，就推辭不肯喝。諸葛恪仍勸他再喝一杯，張昭不高興地說：「這哪裡是尊敬老人！」

孫權故意給諸葛恪出難題，說：「看你能不能讓張公理屈辭窮把酒飲下，不然這杯酒你就得喝了。」

於是，諸葛恪對張昭說：「過去師尚父九十歲，還能披堅執銳，領兵作戰，不言自己已老。現在，帶兵打仗，請您在後，而喝酒吃飯，請您在前，這怎麼能說是不敬老呢？」張昭無話可說，只能把酒喝了下去，但是從此就記恨上了諸葛恪。

有一天，孫權和諸葛恪、張昭等大臣在大殿中議事，忽然一群鳥飛到大殿前，這些鳥的頭部是白色的。孫權不知道這是什麼鳥，就問諸葛恪：「你知道這是什麼鳥嗎？」諸葛恪不假思索地回答：「這種鳥叫白頭翁。」在座的諸位大臣中以張昭年紀最大，又是一頭白髮，他以為諸葛恪是在藉機取笑自己，就對孫權說：「陛下，諸葛恪在騙人！從來沒有聽說過叫白頭翁的鳥。如果真有白頭翁，那是不是應該有白頭母呢？」

諸葛恪立刻反駁道：「鸚母這種鳥，大家一定都聽說過吧？如果依老將軍之言，那一定還有鸚父了，請問老將軍能打到這種鳥嗎？」張昭頓時無言以對。

像張昭這樣的人在現實生活中為數不少，我們不能像他一樣器量狹小，若是遇到這種人，也不能和他鬥氣。應該以柔忍之術巧妙地避免與這種器量狹小的人衝突，當然，若是他對工作上有了不良的影響，那就要有應對的策略。常言道：「宰相肚裡能撐船。」一個人只要有大度的胸襟、非凡的器量，就會廣結良好的人緣，才能在社交場合裡叱吒風雲。反之，如果你器量狹小，嫉賢妒能，誤以為自己聰明至極，非同一般，而對他人百般挑剔，眼中容不下任何人、任何事，那必然失去人心，最終失去事業。

·10·

百忍成金，寬容忍讓才能相安

忍讓別人的過錯，體諒別人，別人也會將心比心。投桃報李，回報於你。忍讓不僅人相安，也能成大事。

在人際關係中，「忍」學也是非常重要的。當有人冒犯了你，需要忍；當有人與你爭名奪利時，需要忍；當有人嫉妒你時，也需要忍。也許忍起來太累，但不要忘了，忍是現實需求，在很多情況下，只有忍讓才能相安，所以古人概括了一句關於忍的至理名言：「百忍成金。」

據記載，唐高宗即位後，一直受到皇后武則天的限制，因而整日鬱鬱寡歡。有一天，高宗在巡幸途中，聽說有一個好幾百人生活在同一屋簷下的大家族，多年來沒有發生任何風波，十分和睦地生活在一起，這在當時實在少有。因此，高宗特地去拜訪這個家族，向他們請教家族和睦的祕訣。

族長於是取出紙和筆，連寫了一百多個「忍」字給高宗看，意思是他們這個大家族和樂的祕訣除了「忍」以外別無他法。高宗看後深有同感，賜給該家族莫大的褒獎。

看來人與人和平相處的祕訣確實在於一個「忍」字，不僅如此，「忍」還是收服人心的好辦法。

孟嘗君曾經擔任齊國宰相，在各國聲望很高。他家中養了許多食客。其中有一位食客與孟嘗君的妾私通。有人將情況報告孟嘗君，說：「身為食客，食人之祿卻暗中和主人的妾私通，實在太不應該，理當將他處死。」孟嘗君聽後卻淡然地說：「喜愛美女是人之常情，不必再提了。」

　　過了一年，孟嘗君招來那位食客，對他說：「你在我門下已經有一段時間，卻到現在都還沒有適當的職位給你，我心裡很不安。現在衛國國君和我私交很好，不如讓我替你準備車馬銀兩，你到衛國去做官吧！」

　　這位食客來到衛國後，受到衛王的賞識和重用。後來齊衛兩國關係緊張，衛國國君想聯合其他國家攻打齊國。此人於是對衛君說：「臣之所以能到衛國來，全賴孟嘗君不計臣的無能，將臣推薦給大王。臣聽說齊、衛兩國的先王曾經相互約定，將來子孫絕不彼此攻伐，而陛下您卻想聯合其他國家來攻打齊國，這不僅違背了先王的盟約，同時也辜負了孟嘗君的情誼。請陛下打消攻打齊國的念頭吧。不然，臣願死在大王面前。」國君聽後佩服他的仁義，於是打消了攻打齊國的念頭。齊國的人聽後讚頌說：「孟嘗君可謂善為事矣，轉禍為功。」即孟嘗君善治政事，竟然使齊國轉危為安。

　　忍讓別人的過錯，體諒別人，別人也會將心比心。投桃報李，回報於你。忍不僅讓人相安，忍也能成大事。

　　春秋時，越王勾踐被吳王夫差打敗退守在會稽山上，越國要求跟吳國講和，吳國的條件是要勾踐夫婦至吳國給夫差當僕役，勾踐答應了。

　　勾踐將國事委託給大夫文種，讓大夫范蠡隨他們夫婦前往吳國。到了吳國，他們住在山洞石屋裡，夫差每次外出，勾踐就親自為他牽馬。有人指罵他，他也不在乎，低眉順眼，始終表現出一副

馴服的面孔，很討夫差的歡心。

　　有一次，夫差病了，勾踐在背地裡讓范蠡預測，知道此病不久就會好，就親自去見夫差，探問病情，在親口嚐了夫差的糞便後，向夫差道賀，說他的病很快就會好的。夫差問他怎麼知道。勾踐就胡編說：「我曾經跟名醫學過醫道，只要嚐一嚐病人的糞便，就能知道病的輕重。剛才我嚐了大王的糞便，味酸而稍微有點苦，用醫生的話來說，就是得了『時氣之症』，所以病很快就會好，大王不必擔心。」果然沒過幾天，夫差的病就好了。夫差認為勾踐比自己的兒子還孝順，深受感動，就把勾踐放回國去。

　　後來越國終於與吳國在五湖決戰，大敗吳軍，包圍了吳王的王宮，活捉了夫差，殺死吳國宰相。滅掉吳國兩年後，越國稱霸諸侯。

　　人的一生中，令人發怒的事不計其數，倘若每件事都斤斤計較，耿耿於懷，是成不了事的。反之，只要胸懷大志，就會「忍人所不能忍」，對於許多事情就不會放在心上，而是堅定地朝著自己的目標奮進。

·11·

忍一時之辱，方可換取日後的輝煌

忍一時之疑、一時之辱，一方面是脫離被動的局面，同時也是一種對意志、毅力的磨練，為日後的發憤圖強、勵精圖治、事業有成奠定了正常情況下所不能獲得的基礎。

釋迦牟尼佛曾言：「六度萬行，忍為第一。」告訴了我們忍的重要性。這裡講的忍並不是一味的退讓、逃避，而是任何一位試圖成大事的人的一種策略。為了專心做事，為了達到自己的目標，才忍辱負重，臥薪嚐膽，直到不鳴則已，一鳴驚人。

「小不忍則亂大謀」由此可見無論是對人對己，忍與不忍事關重大。忍則心平身安，不忍則禍及身家。一心為公的人遇到不公正的待遇時，要善於隱忍，否則稍有不慎，就會讓小人得意，自己反而受到更大的打擊。西晉的石苞面對不平，心底無私，坦然相對，使晉武帝終於自省，也消除了自己的不平之境。

忍讓是一種修養、一種德行、一種度量。如果我們人人都具有忍讓的心態，那麼這個社會肯定會變得更美好，人與人之間的關係也肯定會變得更加和諧。

麥金萊做美國總統時，在某次本來可以發怒的情況下，制止了自己的憤怒，這就很足以證明他是一個能夠自制的人。他有一種很聰明而極簡單的方法，以制服那發怒的對手。

有幾位代表，因麥金萊指派某人為收稅的負責人而來抗議。其中領頭的是一位議員，6.2英尺高，性情很粗暴。他憤怒地罵著麥金萊，用的幾乎全是侮辱性的辭彙，但是麥金萊毫不作聲，任他去宣洩怒氣，然後很平和地說：「現在你感覺好些了嗎？」繼而接著說，「按照你表現出來的修養與吐露的言辭來看，你實在是無權曉得我何以要指派某人，不過我還是會告訴你。」

那位議員的臉馬上紅了，急忙道歉，但是麥金萊又露出毫不在意的親和笑容說：「無論任何人，在不了解事實的情況下，總是容易會被刺激得發狂的。」然後他解釋其中的原委。

麥金萊這種冷靜而帶諷刺的答覆，就足以使這位議員覺得自己用這種粗暴的語言完全是種錯誤，而這次的指派或許是對的。他這種聰明的應對方式，使那位議員完全無所施其力。

這位議員回去報告他交涉的結果時，只能說：「夥計們，我忘了總統所說的是些什麼，不過他是對的。」

忍，實在是醫治磨難的良方。為了避免對無關緊要的事發脾氣，事情發生時保持鎮靜，動得隱忍是極重要的。忍人一時之疑、一時之辱，一方面是脫離被動的局面，同時也是一種對意志、毅力的磨練，為日後的發憤圖強、勵精圖治、事業有成奠定了正常情況下所不能獲得的基礎。

戰國時期的范雎，因為家境貧寒，最初只能在魏國大夫須賈手下當門客。有一次，須賈奉命出使齊國，范雎作為隨從前往。到了齊國，齊襄王遲遲未接見須賈，卻因仰慕范雎的辯才，命人賞給范雎十斤黃金和酒，但范雎辭謝了。須賈卻由此產生了疑心，認為范雎把祕密情報告訴了齊國，才得到賞賜。回國後，須賈將自己的疑心告訴了魏國宰相魏齊。魏齊下令把范雎找來，用竹板責打他，打折了肋骨，打落了牙齒。范雎假裝死去，被人用箔捲起來，丟在廁

所裡。接著魏齊設宴喝酒，喝醉後竟輪流朝范雎身上小便。後來，范雎設法逃離魏國，改名換姓，輾轉到了秦國，當上了秦國的宰相。

「要是自私的人想佔你便宜，就不要去理會他們，更不要想去報復。當你想跟他扯平時，你傷害自己的，比傷到那傢伙的更多。」這話很耐人尋味。欲制服一個大發脾氣的人，再沒有比「忍氣吞聲」更好的辦法了。

我們一生當中會遇到很多問題，如果你能忍第一個問題，你便學會了控制你的情緒和心志。以後碰到更嚴重的問題，自然也能忍，也自然能忍到時機成熟時再把問題解決，這樣才能成就大事業！

·12·

除去浮躁與怒氣，多些寬容與大氣

寬容是一種風度，可以將矛盾沖淡為平和，把急躁之火冷卻；寬容是一種理智，使人走向成熟；寬容是一種潤滑劑，可以消除人之間的摩擦；寬容是一種鎮靜劑，可以使人在眾多紛擾中恪守平靜。

寬容是一種風度，可以將矛盾沖淡為和平，把急躁之火冷卻；寬容是一種理智，使人走向成熟；寬容是一種潤滑劑，可以消除人之間的摩擦；寬容是一種鎮靜劑，可以使人在眾多紛擾中恪守平靜。

《郁離子》中記載了這樣一個故事：

在晉鄭之間，有一個性情十分暴躁的人。他射靶子，若射不中靶心，就把靶子的中心搗碎；若下圍棋輸了，就把棋子咬碎。人們勸告他說：「這不是靶心和棋子的過錯，你為什麼不認真地想一想，問題到底出在哪裡呢？」他聽不進去，最後因脾氣急躁得病而亡。

遇事急躁，氣浮心盛的例子還不只這一個。不少人辦事都想一蹴而就，卻不知道做什麼事都是有一定規律、步驟的，欲速則不達。

事情往往如此，你越著急，你就越不可能成功。因為著急會使你失去清醒的頭腦，結果在你奮鬥的過程中，浮躁佔據著你的思緒，使你不能正確地制訂方針、策略以穩步前進。

　　做事戒急躁，人一急躁則必然心浮，心浮就無法深入到事物中去仔細研究和探討事物發展的規律，無法認清事物的本質。氣躁心浮，辦事不穩，差錯自然會多。

　　一個人為什麼會精神失常？恐怕至今沒有人知道全部的答案。據醫學專家和心理學家的觀點，大多數情況很可能是由於浮躁或憂慮所造成。那些焦慮和煩躁不安的人，多半不能適應現實的世界。所以成大事者首先應該克服的就是自己的浮躁情緒。只有正確地認識自己，才不會盲目地讓自己奔向一個超出自己能力範圍的目標，而踏實地去做自己能夠做的事情。

　　明朝宣德和正統年間，趙豫任松江知府。他對老百姓噓寒問暖，關懷備至，深得松江老百姓的愛戴。趙豫處理日常事務有他自己的一套辦法。每次見到來打官司的，如果不是很急的事，他總是慢條斯理地說：「各位消消氣，明日再來吧。」起先，大家對他的這種做法很不以為然，甚至還暗地裡編了一句「松江知府明日來」的順口溜來諷刺他。這句順口溜慢慢地在老百姓中間流傳開來，老百姓見到他都叫他「明日來」。聽到這個綽號，趙豫總是寬和地笑笑，從不責備叫他綽號的人。

　　趙豫曾對人說起過「明日再來」的好處：「有很多人來官府打官司，只是因一時的激動與憤怒情緒，而經過冷靜思考，或別人對他們加以勸解之後，氣也就消了。氣消而官司平息，這就少了很多的恩恩怨怨。」

　　「明日再來」這種處理一般官司的做法，是合乎人的心理常態的。以「冷處理」緩和情緒，不急不躁，才能理智地對待所發生的

一切，避免不必要的爭執，忍一時的不冷靜，對人對己都有好處。

　　正反兩面的例子，我們都看到了，從中我們也總結出一些經驗。中國文化的精要就在於以靜制動，處安勿躁。浮躁會帶來很多危害。想有所作為，而又不能馬上成功，會產生急躁的情緒；本以為把事情辦得很好，誰知忽然節外生枝，一時又無法處理，必然生出急躁之心；因為他人的過錯，給自己造成了一定的麻煩，心氣不順，也會感到急躁；望子成龍，盼女成鳳，天下父母之心皆然，但偏偏兒女不爭氣，心中也同樣急躁；受到別人的責怪、批評，又無法解釋清楚，心中也會產生急躁的情緒。無論是哪一種情況產生的急躁，其實對己對他人都沒有好處。浮躁之氣生於心，行動起來就會態度粗暴無禮，徒具匹夫之勇，如此一來豈不是太糊塗了嗎？

　　當你控制了浮躁，你才能吃得了成功路上的苦；才會有耐心與毅力一步一腳印地向前邁進；才不會因各式各樣的誘惑而迷失方向；才能制訂一個接一個的小目標，然後一個接一個地實現它，最後走向大目標。

·13·

謙讓與寬容，受益的不僅僅是對方

謙讓是一面鏡子，它可以映照出一個人的修養、道德、氣質和風度，同時也折射出社會文明的程度。古人言：「富潤屋，德潤身。」富貴錢財只能裝扮人的外表，道德品格才能修飾人的內在。

寬容與謙讓歷來是我國的傳統美德，是設身處地為別人著想的表現。一個社會的和諧離不開人與人之間的寬容與謙讓。在日常生活中，人與人之間難免會發生一些摩擦或衝突，在這時，寬容與謙讓就是化解矛盾的「溶劑」，讓我們在這短暫的生命歷程中，用它去共同營造和諧美好的生活環境。

發生矛盾時，謙讓就像一副鎮痛良藥，使人恢復平靜，頭腦清醒；相處緊張時，謙讓又像散發著溫馨氣息的溪水，涓涓流淌在人情世故的小菜園，細心澆灌每一株蔬果，擷取意想不到的收穫。一個真正懂得生活的人，無論遇到何種境遇，心中都有一泓謙讓的清泉，以情為重，失理認錯，得理讓人。因為謙讓，使得心靈美麗，因為心靈美麗，使得人生美麗，繼而營造和諧的人際關係，構築溫暖和諧的社會。

在古代，謙讓是一種美德，又是一種智慧。為什麼說謙讓是一種智慧呢？古人云：「謙受益，滿招損」。知道謙能得益，這就是智慧。雖然謙能得益，可是謙讓，卻並不容易做到。謙讓的場合，

不外乎事與利兩種。

　　遇事謙讓，說話謙遜，這是建立在對自己和他人關係的科學分析上的，要認識到這一點，就得有智慧。一個人懂得的東西總是有限的，眾人的智慧和力量卻是無窮的，所以謙讓是必需的。特別是有了巨大成就、建立起巨大功勳的人，最容易認為自己什麼都行，別人什麼都不行。有一些名人、大人物，就是因為忘記了謙讓而自頂峰跌落。

　　孔融讓梨，失去的只是大一點的梨，而得到的卻是美譽、不自私、有教養。孔融成了中國人的榜樣，這些事實都說明謙讓孕育著巨大的成功和利益。

　　有些人，言不讓人，利不讓人，結果往往一事無成。原因在於成事除了靠自己，還必須靠眾人。靠眾人的前提，就是自己要能服眾，要得人心。而謙讓主要展現在對人、對事、對利三方面，遇事方面的謙讓，「虛心以納下」，遇利方面的謙讓，「散財而得眾」，這些正是得人心最重要的因素。

　　有人問孔子的學生子貢，孔子何以有如此淵博的學問？子貢回答說：「夫子溫、良、恭、儉、讓以得之。」這裡的「讓」就是指謙讓。可見謙讓之美可以修身正人、陶冶人的情操，也豐富了生活的色彩。

　　謙虛不只是一種美德，有時候還會讓你贏得更多的讚賞。而驕橫則只會讓人厭惡。謙讓是一面鏡子，它可以映照出一個人的修養、道德、氣質和風度，同時也折射出社會文明的程度。古人言：「富潤屋，德潤身。」富貴錢財只能裝扮人的外表，道德品格才能修飾人的內在。

　　大多數不懂得謙讓的人都想不明白一個問題：「謙讓有什麼好處，有什麼用處，我謙讓別人，別人能謙讓我嗎？」其實，謙讓的智慧正蘊藏在其中。因為當你遇到困難時，你謙讓過的人們將會伸出無私的援助之手，這是對你謙讓別人的最大回報。而一個自私自

利的人是永遠品嚐不到幫助人的快樂的，他只能是孤家寡人，沒有知心的朋友和他同舟共濟，這樣的人豈不是很可憐嗎？同時，謙讓還可以讓你在沒沒無聞之中樹立起人生的高尚品格，甚至讓你得到你意想不到的東西。

　　現在已經到了競爭的時代，競爭所依靠的恰恰是智慧、是人才、是群體。要使人才發揮優勢，必須得其心，這就必須尊重人才。一個趾高氣揚的人，是不可能有真正的人才向他靠近的。正如《戰國策》中郭隗所言：「詘指而事之，北面而受學，則百己者至」、「馮幾據杖，眄視指使，則廝役之人至。」只有謙讓才能得人才，團結群體，調動一切人的智慧；只有謙讓才能得到傑出人才、群體的支持；才能想在別人之前，做得比別人更好，才能永遠立於不敗之地。

第八章

寬容就要學會瀟灑

——難得人世走一遭，何不瀟灑走一回

·1·

坦然地接受生活中的拂逆

具有樂觀、豁達性格的人，無論在什麼時候，他們都感到光明、美麗和快樂的生活就在身邊。無論什麼樣的環境他們都能隨遇而安。

無論發生什麼情況，即使它混亂、難堪，都應該坦然面對，從心理上把這些拂逆作為生活的一部分來接受。你應該知道，鮮花永遠與荊棘相伴。隨遇而安不是不思進取、消極的生活狀態，而是一種寬容一切，伺機而發的人生智慧。

有一個故事，有個孩子曾經遇到一顆美麗的露珠，他用盡心力想保持長久，但露珠最後還是消失了，孩子鬱鬱而終。

一顆露珠能映出大千世界的美麗，但不要因為一顆露珠的失去而否認整個世界的美麗。其實生活中任何一種執迷不悟都是沒有任何意義的，只會徒增煩惱。如果很多時候都刻意地去追求什麼，也許會失去其他更美麗的東西，也看不到其他更美麗的存在。

生活中拂逆的事情很多，我們無法左右它們的發生，但我們可以決定如何面對。既然不管願意也好，不願意也罷，它們都要發生，何不以平常心視之？

當傑瑞米·泰勒喪失了一切——他的房屋遭人侵佔，家人被趕出家門，流離失所，莊園被沒收的時候，他這樣寫道：「我落

到了財產徵收員的手中，他們毫不客氣地剝奪了我所有的財產。現在只剩下了什麼呢？讓我仔細思考一下。他們留給了我可愛的太陽和月亮、溫良賢淑的妻子、能為我排憂解難的朋友，除了這些東西之外，還有愉快的心、歡快的笑臉。他們也無法剝奪我對上帝的敬仰，無法剝奪我對美好天堂的嚮往以及我對他們罪惡之舉的仁慈和寬厚。我照常吃飯、喝酒，照常睡覺和消化，我照常讀書和思考……」

在意外打擊和災難面前，泰勒仍感到有足夠的理由快樂，他像是愛上了這些痛苦和災難似的，或者說，他在這種常人難以擺脫的痛苦和怨恨中仍然能夠自得其樂，真可謂不以常人之憂為憂，而以常人之樂為樂。他之所以能做到這一步，是因為他敢於藐視困難，視災禍為一點尋常荊棘，他就是坐在這些小小的荊棘之上，亦不足為憂。

人生際遇往往不是個人力量所能完全左右的，我們的一生中很少有機會真正感到自己的生活一帆風順，多數情況下是詭譎多變的。所以人們常說不如意事十常八九。在這種環境中，唯一能使我們不覺其拂逆的辦法，就是讓自己「隨遇而安」。一個人如能不管際遇如何，都保持豁達的心境，那真是比有萬貫家財更有福氣。

有一個人搭車回家，行至途中，車子拋錨，當時正值盛夏午後，悶熱難耐。當他得知四、五個小時後才可起程時，他就獨自到附近的海濱游泳去了。

海濱清爽怡人。當他盡興歸來時，車子已經修好，趁著黃昏的晚風，他踏上了歸程。之後，他逢人便說：「真是一次最愉快的旅行！」

由此，隨遇而安的妙處可見一斑。假如換了別人，在這種情況

下，恐怕只會站在烈日下，一面抱怨，一面著急，而那輛車子卻不會因此提前一分鐘修好，那次旅行也一定是一次最糟糕的旅行。

糖是甜的，鹽是鹹的。通常，如果想要使食物嚐起來是甜的，只要加點糖即可。然而事實上，若我們能再加點鹽，反而更能增強砂糖的甜度與味道，這正是造物主絕妙的安排。

事物都有對立、正反之關係。有對立的關係，我們才能感受到自己的存在，才能體會出那種類似糖裡加入了鹽的滋味。因此，與其為那些難過的事苦惱，還不如想想如何去接納、調和它們。如此，必能產生新的天賜美味，而康莊大道也就在我們面前展開了。

當遭遇到不如意之事時，盡可把它視作一幕戲或一段小說，而你不過臨時做了其中的主角而已。那樣你反倒會覺得有所收穫而感到欣慰。

無論你如何精心設計，或者想像事情會如何發展，或相信事情應該如此……有些事總會讓你感到迷惑、難堪或不平衡。你無法解釋為什麼會這樣。也許是因為你的情緒、你的身體狀況、航班、天氣……或者是因為所有這些因素混合在一起。

無論發生什麼情況，即使它混亂、難堪，都應該坦然面對，從心理上把這些拂逆作為生活的一部分來接受。你應該知道，鮮花永遠和荊棘相伴。

要做到這點的確不太容易。如果太糟糕的事情不是發生在自己或自己的親朋好友頭上，人人都能夠保持冷靜的心態。如果不是你的家庭被破壞和驚嚇，你是能夠冷靜的。並且在你沒有受到嚴重的侵犯時，你也很容易理解怎樣去寬恕別人。但是，當你遇到不幸時，想繼續保持冷靜和寬容就很困難了。

控制自己受傷的情緒，不管是因為焦慮、不滿、孤獨，還是憤怒，你必須盡可能對自己所做的任何事情負責，充分考慮任何行為的後果。雖然有些事情你是無能為力的，比如別人的決定和行為，你肯定不能將世界按照你的願望來塑造，但是你還是應該努力去

改變這種現狀。可是，有些事情你是可以控制的，比如你自己的想法、怎樣對形勢做出反應以及自己將來的打算等。你可以查明不切實際的目標和超出現實的期待，然後將其拋棄或將它們更改得更合乎情理。你可以時常回過頭來想想，而不要一味盲目前進。你可以停下來思考一下或是聽聽別人的看法。只有這樣你才能真正看到到底發生了什麼，弄明白什麼是正確的，什麼是不正確的，並且最終接受現實。

　　具有樂觀、豁達性格的人，無論在什麼時候，他們都感到光明、美麗和快樂的生活就在身邊。他們眼睛裡流露出來的光彩使整個世界都溢光流彩。在這種光彩之下，寒冷會變成溫暖，痛苦會變成舒適。這種性格使智慧更加熠熠生輝，使美麗更加迷人燦爛。

·2·

達觀做人，灑脫處世

不要幻想生活總是圓圓滿滿，也不必幻想在生活的四季中擁有的只是春天，每個人的一生都注定要跋涉艱困坎坷，品嘗苦澀與無奈，經歷挫折與失意。達觀做人、灑脫處世，是一種難得的從容！

灑脫，是寵辱不驚，是去留無意，是人的一生所持的從容心境。心態灑脫的人，未必大富大貴，卻能寬容一切，笑看花開花落！永遠快樂。

達觀灑脫的人，每天都可以看到自己笑得明亮燦爛的臉，看到自己無憂無慮的神情，看到自己專注於學識的眼神，看到自己寬敞清澈的心胸。因為灑脫，他活得更輕鬆。

事實上，許多事實也證明了灑脫、開朗大度的人耳聰目明、心靜神清。這樣的人做事沉穩、處理問題頗有大將風度。

《三國演義》中的曹操，雖兵敗赤壁被周瑜以火攻燒得幾乎全軍覆沒，但在危難之中，曹操仍然仰天長笑，用豁達的心胸發出「勝敗乃兵家常事」的感歎，最終以頑強的精神帶領殘餘部下走出泥沼揚長而去。

灑脫的人，不計較一城一地的得失，得之淡然，失之泰然，故能成大事。月有陰晴圓缺，人有旦夕禍福，人生在世，總是有得有失，既然得失難測，禍福無常，何妨達觀灑脫一些，「寵辱不驚，

看庭前花開花落。去留無意，望天上雲捲雲舒」。這份瀟灑，是我們一直在追求著的。

因為瀟灑，不必再為調職晉升苦苦鉤心鬥角，自知平日裡已努力做了屬於自己分內的工作，或許也有不盡如人意的地方，或許也有錯誤與疏漏。總之，盡力了，評說之事雖在旁人，卻從不為逢迎拍馬、阿諛奉承所累。因為瀟灑，相信群眾的眼睛是雪亮的，即使這次可能有偏差，還有下次，下下次呢！哪怕永遠偏差下去，你不也少了諸多爭鬥的勞苦，而唯留下一顆寧靜淡泊的心境嗎？那種感覺，自然是旁人可望而不可即的！

因為瀟灑，暫時放下自己的處境，去維護一種公正，哪怕你所維護的是極少數人的觀點與意見，也許會因此而使自己更為孤立無援，或者被人所藐視，但你執著地堅信著，公正的永遠是公正的。

因為瀟灑，我們從不羨慕虛榮；因為瀟灑，我們真誠地讚許別人的才能；因為瀟灑，我們會有很多的朋友，他們也許無權無錢，卻願意在你陷入困境時伸出援手；因為瀟灑，我們會為朋友的冤屈做出證言，哪怕置自己於被誤解冤屈的境地；因為瀟灑，我們愛著每一個善良的人，不管是街頭修鞋的大叔，還是馬路上推著輪椅賣原子筆、肢體殘疾的年輕人；因為瀟灑，我們恨著每一個邪惡的靈魂，不管與你的利益是否相干，哪怕他的財權可以置你於死地；因為瀟灑，我們把機會讓給更需要的人；因為瀟灑，我們用自己的雙手創造機會。

瀟灑的人，能伸能屈，知進知退，經得起挫折失敗。瀟灑的人，為人寬厚，與人為善，最後自己也不吃虧。

瀟灑的人，可以看輕身外之物，不以物喜，不以己悲。官帽在很多人眼裡重如泰山，為了當官，不擇手段，四處鑽營，而陶淵明卻能「不為五斗米折腰」，棄官歸田。人生奔波，多為名利二字，蘇東坡卻能「芒鞋不踏利名場，一葉輕舟寄渺茫」；嚴子陵則寧願到富春江上垂釣，也不肯到老同學漢光武帝劉秀那裡「高就」。這

般的灑脫，完全當得起范仲淹的讚譽：「雲山蒼蒼，江水泱泱，先生之風，山高水長。」

　　達觀灑脫，其實很簡單，就是遇事拿得起，放得下，想得開，不計較。遇人則能寬容，平等相待。因而，灑脫的人，沒有煩惱，心態健康，長壽者多。那麼，如果我們做不了偉人、巨人、能人、出人頭地的人，倒不如做一個達觀灑脫的人。

·3·

給別人留有餘地，就是給自己
留下生機

待人處世，要留有餘地。有句諺語說得好：「人情留一線，日後好見面。」留有餘地，是進退自如，是收放從容。它是處世的藝術，是人生的哲學。

在通常情況下，留有餘地，就是以防事情出現偏差後留有迴旋的空間，盡量挽回損失。宋朝法演禪師曾說戒：「勢不可使盡，使盡則禍必至；福不可受盡，受盡則緣必孤；話不可說盡，說盡則人必易（易，生變也）；規矩不可行盡，行盡則人必繁。」指的是在做事待人上要給自己留下餘地，警示我們凡事皆不可太過極端、絕斷，當留點空間給自己或別人，。

有這樣一個寓言故事：一隻狼發現了一個山洞，各種動物皆由此通過，為了捕獲各種動物，狼把這個山洞除洞口外的所有通道都封死了，卻不料將自己陷入萬劫不復之地，成了老虎口中的美食。滅人者終自滅。

當我們對事情無法全面預料時，給自己留一條後路，還是較為妥當的做法。就是因為沒有事事周全的計畫，所以狡兔也會有三

窟。凡事都要為自己留有餘地。我們要有這樣的認識：當我們選擇一條路時，我們還應為自己準備第二條、第三條路。

掌握雕刻藝術的人都知道，人物面部的塑造是最難的。但雕刻技法中有一個原則：眼睛要先刻得小一點，鼻子要先刻得大一點。眼睛小了，可以加大；鼻子大了，可以改小，這是為了進一步完善時留有修飾的餘地。凡有下廚經驗的人都懂得，做菜時先要少放鹽，因為味淡還能補救，味鹹卻難以「妙手回春」了。

待人處世，也需要留有餘地。有句諺語說得好：「人情留一線，日後好見面。」留有餘地，是進退自如，是收放從容，是處世的藝術，是人生的哲學。有部十年前的武俠電影說的好：「凡事太盡，緣分勢必早盡。」不留餘地，好比下棋時的僵局，即使沒有輸，也無法再走下去了。

韓國北部的鄉村公路邊有很多柿子園，金秋時節正是採摘柿子的季節，當地的農民卻常常會留一些成熟的柿子在樹上，他們說，這是留給喜鵲的食物。

經過這裡的遊客都會覺得不可思議，這時，導遊就會向大家講一個故事：這裡是喜鵲的棲息地，每到冬天，喜鵲們都在果樹上築巢過冬。有一年冬天特別冷，下了很大的雪，幾百隻找不到食物的喜鵲一夜之間都被凍死了。第二年，一種不知名的毛毛蟲突然泛濫成災，那年秋天，沒有果園收穫到一個柿子。直到這時，人們才想起了那些喜鵲，如果有喜鵲在，就不會發生蟲災了。從那以後，每年秋天收穫柿子時，人們都會留下一些柿子，作為喜鵲過冬的食物……

給別人留有餘地，往往就是給自己留下生機和希望啊！

人的生存與發展，依賴於千絲萬縷的社會關係。在任何情況下，我們都要懂得給別人留有餘地，盡可能不要把別人推向絕路，

這樣一來，事情的結果才對彼此都有好處。

在現實生活中，許多人為了謀求個人利益，在別人背後放冷箭，中傷別人，甚至在別人處於逆境時落井下石，這是在破壞自己的人脈。一個人無論多麼成功，也不能保證自己絕對沒有倒楣的時候，真到了那時，還有誰會向你伸出援助之手？所以得饒人處且饒人，留條活路給別人走，也是在給自己留一條後路。

此外，做事時也不要輕易保證。對別人的請託可以答應接受，但不要「保證」，應代以「我盡量、我試試看」的字眼。別人交辦的事當然要接受，但不要說「保證沒問題」，應代以「應該沒問題，我全力以赴」的字眼。這是為萬一自己做不到留條後路，而這樣回答事實上也無損於你的誠意，反而更顯示你的謹慎，別人會因此更信賴你。即使事情沒辦好，也不會怪罪你。

氣球留有空間，就不會爆炸；杯子留有空間，就不會因為加進其他液體而溢出來；人在說話、辦事時留有餘地，就不會因為「意外」而下不了台。凡事總有意外，留有餘地，就是為了容納這些意外。所以我們在說話、做事時都要留有餘地，使自己行不至絕處，言不至極端，有進有退，收放自如，以便日後能機智靈活地處理事務，解決複雜多變的問題。

·4·

心胸寬闊的人是不可戰勝的

一個人只要具有寬闊的心胸，也就具有寬容與忍讓。一個人只要具有思想，也就擁有了意志與剛強。如果心胸與思想同在，你就是不可戰勝的神。一切理想與事業，都會飛得更高。

有一位青年脾氣非常暴躁、易怒，並且喜歡與人打架，所以很多人都不喜歡他。有一天他無意中遊蕩到大德寺，碰巧聽到一休禪師正在說法。聽完後他深受感動，發願痛改前非，就對禪師說：「師父，我以後再也不跟人家打架爭吵，免得人見人厭，就算是受人唾面，也只有忍耐地拭去，默默地承受！」

一休禪師說：「噯！何必呢，就讓唾涎自乾吧，不要拂拭！」

「那怎麼可能？為什麼要這樣忍受？」

「這沒有什麼能不能忍受的，你就把它當作是蚊蟲之類停在臉上，不值與它打架或者罵它，雖受唾沫，但並不是什麼侮辱，接著微笑吧！」一休說。

「如果對方不是唾沫，而是用拳頭打過來時，那怎麼辦？」

「一樣呀！不要太在意！這只不過一拳而已。」

青年聽了，認為一休說得太沒有道理，終於忍耐不住，突然舉起拳頭，向一休禪師的頭上打去，並問：「和尚，現在怎麼辦？」

禪師非常關切地說：「我的頭硬得像石頭，沒什麼感覺，倒是你的手大概打痛了吧！」

青年啞然，無話可說。

世上無論什麼事，都是說很容易，做很困難。說不發脾氣，但境界一來，自我就不能把持。禪者曰：「說時似悟，對境生迷。」就是這種寫照。心胸寬闊的人是不可戰勝的，當某些小人蓄意向你挑釁時，你應採取更理智的態度，暫時巧妙地躲開，以避免兩敗俱傷的悲劇。禪宗告訴我們，智慧的藝術就是懂得該寬容什麼的藝術，寬容精神是一切事物中最偉大的。你打算用憤恨去實現的目標，完全可以由寬恕去實現。要知道，最高貴的復仇是寬容。不會寬容別人的人，不配受到別人的寬容。但是誰能說自己不需要寬容呢？佛說，寬容是人類最完美的所作所為，只有勇敢的人才懂得如何寬容。

此外，那種心胸狹窄、只知報復的人，大多在日常生活中不能容忍他人，這種人的自我意識和虛榮心、自尊心過分強烈，哪怕受到微小傷害，也會頓覺不滿，甚至找機會和對方過不去，伺機報復後自我心理才感到平衡。這樣的人在平常與人交往中，應該有意識地加強對器度的鍛鍊，例如：可在無人處大聲高喊，發洩心中怒氣，參加劇烈的體育運動，聽聽音樂、唱唱歌以轉移注意力等。

現實生活中，鄰里糾紛、債務糾紛甚至朋友間的爭執都經常發生，而作為當事者不僅要保持冷靜，更重要的是要有法制意識。一旦與他人發生糾紛，就要透過正常管道來維護自己的權益，但易躁易怒的人卻往往因此失去理智，採用辱罵洩私憤甚至用暴力等手段，將原本常見的普通糾紛擴大上升為惡性案件。這樣做不僅無助於事情解決，反而使事態惡化，給他人及其家庭帶來極大的傷害，而自己最終也會受到法律的懲處，悔恨終生。

打開心胸，也許就可以打開更廣闊的人生天空。有一個寬廣的胸懷，就會有一個精彩的人生。

·5·

學會寬容體諒他人，不為小事斤斤計較

以開闊的胸襟寬容體諒他人，不要為小事斤斤計較，培養容人之量，要學會理解，學會諒解，學會容忍，多反省自己，少怪罪別人。只有這樣才能得到別人的信任、尊重和理解。

生活中，我們常常看到這樣一些現象：人多擁擠的公車上，乘客之間由於無意碰撞而引起爭吵，雙方鬧得臉紅脖子粗；學校裡同學之間為一些雞毛蒜皮的小事（如不小心碰落了別人的鉛筆盒）而出言不遜，大動肝火，怒氣沖沖；鄰里之間為了一些小糾紛而各不相讓，爭吵辱罵，沒完沒了。這些都是無原則的衝突，不必要的感情衝動，毫無意義的犯顏動怒，是無益之怒。

世界上從不發怒的人恐怕沒有，但不為一些小事而犯顏動怒是完全能做到的。生活中，有文化、有修養的人，也常常是寬宏大度、風趣幽默的人。他們很少在一些小事上大動肝火。因此要做到不為小事而犯顏動怒，根本的一點就是要加強文化知識的修養，拓寬自己的心理容量。不要為區區小事而計較個人得失，培養容人之量，要學會理解，學會諒解，學會容忍，多反省自己，少怪罪別人。

宋朝文人蘇東坡寫過一篇《河豚魚說》，說的是有一天，南方河裡的一條豚魚，游到一座橋下時撞到了橋柱上。牠不怪自己不小心，反而生起氣來，認為是橋柱撞了自己，氣得張開嘴，豎起頜旁的鰭，脹起肚子漂在水面上，很長時間都一動也不動。一隻老鷹飛過時看見牠，一把抓起來，把牠的肚子撕裂，這條豚魚就這樣成了老鷹的食物。蘇東坡就此發議論說：「常道世人有妄怒以招禍者，在不應發怒時發怒，結果遭到了不幸，就像這條河豚魚，『因游而觸物，不知罪己』，卻妄肆其忿，至於磔腹而死，可悲也夫！」我們應當從蘇東坡寫的這個寓言中吸取教訓，在碰到使人氣憤的事時，不要像那條「妄肆其忿」的河豚魚，只向別人發火，而應首先反省自己。

中國有句古話說：「九層之台，起於壘土，千里之堤，潰於蟻穴。」有的時候，事情雖小，但殺傷力卻很強，小則破壞人的好心情，大則可以讓人前功盡棄，甚至送命。

在科羅拉州長山的山坡上，躺著一棵大樹的殘軀。據當地人說，這棵神木曾有400多年的歷史。在它漫長的生命歷程中，曾被閃電擊中過14次，它都挺了過來，但在最後，它卻在一小隊甲蟲的攻擊下永遠倒下了。那些甲蟲從根部向裡咬，一開始樹還沒有感覺，但卻漸漸傷了樹的元氣。最後，這樣一棵森林中的巨人，歲月不曾使它枯萎，閃電不曾將它擊倒，狂風暴雨也沒能把它摧毀，但小小的甲蟲卻讓它走向了死亡。

生活中有多少這樣的人，他們能勇敢地面對生活中的艱難險阻，卻被小事折騰得灰頭土臉、垂頭喪氣。家務事雖小，但再賢明的清官卻也斷不清，其實這並非清官無能，而正是他們的高明之處。親人之間，為一點點小事而反目成仇，實在是不應該，為何要

給他們分個一清二白呢？就讓他們糊塗到底吧！這樣反而比分清誰是誰非更好。

　　別為小事抓狂，對待一些委屈和難堪的遭遇，在內心裡轉變成另一種心情，以健康積極的態度去化解這一切。如果能從中得著更大的益處，不也是另一種收穫嗎？這不是比到處記恨別人，處處結下冤家好嗎？

　　我們之所以對小事缺乏足夠的承受能力，說明我們沒有把精力放在更為重要的事情上，因此，面對生活中的煩惱，我們首先要問自己：「這是我的生活目標中至關重要的事情嗎？為此花費時間與精力值得嗎？」

·6·

以善意和寬容來對待你自己

寬容別人是豁達、大度，是「宰相肚裡能撐船」的美德；寬容自己，同樣也是一種積極的人生態度，是撥開烏雲見晴天的陽光，是化悲痛為力量的靈丹妙藥。寬容自己，風雨之後就一定是彩虹！

人生在世，不如意事十常八九，學業無成、戀愛失意、事業受挫、家庭變故、經濟拮据、人際是非以及命運無常等，都會給人帶來憂愁或沮喪，尤其現代社會的節奏快，競爭激烈，人心浮躁，以至有人感歎身心苦累，這時，更需要寬容自己。

對別人展現大肚能容的氣魄，固然是一種值得令人刮目相看的特質。然而，人是否也該對自己大度一點？後者似乎要比前者來得更有意義也更困難些。對自己寬容，首先要看你是否有能力將自己與他人放在對等的位置上——要看得起自己；然後要看你是否能在對他人和對自己的態度上找到一個平衡點——要認清楚自己；最後還要看你是否對寬容有一個準確的理解和闡釋——要相信自己。什麼是寬容，什麼是縱容，必須分清楚才行。

許多人很喜歡拿自己的小孩做比較，你的比較漂亮，我的比較聰明，他的比較調皮；也喜歡拿金錢擁有量做比較，你是藍領，我是白領，他是金領。人們總是在不斷的比較中原諒他人，苛求自己，甚至自家的垃圾桶沒有鄰家的好看都能讓人傷心好一陣子，這

不是器量小是什麼？

　　對自己寬容一點，不要拿別人的錯誤來懲罰自己，更不要拿別人的長處來苛求自己。肚子足夠大能撐別人的船，固然驕傲；但肚量大到能將自己包容進去，那就更不容易了。能在自己的思想裡，自在遨遊，那應該叫做——戰勝自己。

　　西方有兩句這樣的格言：「我堅持我的不完美，它是我生命的真實本質。」「熱愛自己是終生浪漫的開端。」

　　全面接受你自己是很重要的，其原因之一便是這可使你更安心地對待自己，更具同情心。當你表現或感覺到無保障時，不要假裝「並無不妥」，你可坦然面對這一現實並對你自己說：「我覺得害怕，但沒關係。」如果你感到有點嫉妒、貪婪或氣憤，不要否認或埋葬你的感覺，你可以坦然面對它們，這樣反而可以使你迅速擺脫並遠離它們。當你不再把你的消極情緒看得太嚴重，或當作可怕的事時，你就不會再像從前那樣被它們嚇倒。當你能夠正確面對自己的一切時，你就不再需要去假裝生活是完美的，或希望如此。反之，你會接受自己的現狀。

　　當你接受自己不夠完美的那些部分時，奇蹟便會出現。伴隨消極的一面，你也將開始注意到它積極的一面，你自己身上那些極出色的、你也許從未認為自己所具有的、或甚至從未意識到的一面。

　　當然原諒自己、寬容自己，並不等於縱容或者放縱自己、嬌慣自己，而是讓自己身上的壞習慣、不良的思想意識都得到限制糾正；扭曲的人格人品、錯誤的世界觀與人生觀得以轉變。寬容自己，並不是不吸取教訓，去做同樣的蠢事，犯同樣的錯誤，而是走出困境的一種積極的途徑，是一種理性的提升和肯定，是為自己創造出站在困境之上的另一個新的生活起點，是重新給予受傷和絕望的心靈光明、希望和信心。

　　奧格‧曼狄諾指出，接受你自己的一切，就像是在對你自己說：「我也許不完美，但我就是我，這沒有關係。」當消極思想出

現時，你可開始將它們視作你思想中的一小部分，始終以善意和寬容來對待你自己。

　　寬容別人是豁達、大度，是「宰相肚裡能撐船」的美德；寬容自己，同樣也是一種積極的人生態度，是撥開烏雲見晴天的陽光，是化悲痛為力量的靈丹妙藥。寬容自己，風雨之後就一定是彩虹！

·8·

不要讓那些不值得的小事影響情緒

面對人生的不如意，面對困惑，我們必需要學會寬容，學會「化干戈為玉帛」，不讓那些不值得的小事破壞了自己的情緒，只有這樣，我們才能知足常樂。

生活中有太多不值得我們去計較的小事情，我們若以一種包容平和的心態去面對生活中的瑣事，我們就會享受到生活本應有的快樂，每包容一個苦難，我們就會有一個超越自我的契機。

作為一名職業校對員，麗莎曾經校對過北美航空公司的《飛行員手冊》和其他數不清的著名刊物。

在生活中，麗莎也會不自覺地檢查單詞拼寫和標點符號是否正確。聽別人講話時，麗莎總在考慮他的發音是否正確，停頓是否得當。

有一天，麗莎去教堂做禮拜，聽牧師朗讀一段讚美詩。突然，麗莎聽到他讀錯了一個單詞，她頓時渾身不自在起來，一個校對員的聲音在心裡不停嘟囔：「他讀錯了！牧師竟然讀錯了！」就在這時，一隻小飛蟲從麗莎眼前慢慢飛過。麗莎耳邊突然響起了一個更清晰的聲音：「不要盯著小飛蟲，忽視了大駱駝。」對呀，怎麼能因為一個小錯誤而忽視了整段讚美詩？過了一會兒，飛蟲在麗莎面前稍作停留，然後逕自飛走了。

佛說：「煩由心生。」那麼多的煩惱都是由於人的貪婪、嫉妒、虛榮等心理欲望在作祟，這種種的欲望污染了本來如白紙一樣純潔的心。所以，每個人都會有各種生氣的理由，但是面對人生的不如意，面對困惑，我們必需要學會忍讓，學會「化干戈為玉帛」，不讓那些不值得的小事破壞自己的情緒，只有這樣，我們才能知足常樂。

有一天，素有森林之王之稱的獅子來到了上帝面前，說：「我很感謝您賜給我如此雄壯威武的體格和如此強大無比的力氣，讓我有足夠的能力來統治這整片森林。」

上帝聽了，微笑地問：「但是這不是你今天來找我的目的吧！看起來你似乎為了某件事而困擾！」

獅子輕輕吼了一聲，說：「上帝真是了解我啊！我今天來的確是有事相求。因為儘管我的能力再強，每天雞鳴的時候，我總是會被雞鳴聲給嚇醒。神啊！祈求您，再賜給我一種力量，讓我不再被雞鳴聲給嚇醒吧！」

上帝笑道：「你去找大象吧，牠會給你一個滿意的答覆。」

獅子便跑到湖邊找大象，還沒見到大象，就聽到大象跺腳所發出的「砰砰」響聲。

獅子快速地跑向大象，卻看到大象正氣呼呼地直跺腳。

獅子問大象：「你為什麼發這麼大的脾氣呢？」

大象拼命搖晃著大耳朵，吼著：「有隻討厭的小蚊子，總想鑽進我的耳朵裡，害得我都快癢死了。」

獅子離開了大象，心裡暗自想著：「原來體形這麼巨大的大象還會怕那麼瘦小的蚊子，那我還有什麼好抱怨呢？畢竟雞鳴也不過一天一次，而蚊子卻是無時無刻地騷擾著大象。這樣想來，我可比牠幸運多了。」

獅子一邊走，一邊回頭看著仍在跺腳的大象，心想：「上帝要

我來看看大象的情況，應該就是想告訴我，誰都會遇上麻煩事，而牠並無法幫助所有人。既然如此，那我只好靠自己了！反正以後只要雞鳴時，我就當作雞是在提醒我該起床了，如此一想，雞鳴聲對我還算是有益處呢！」

從上面的小故事讓我們知道，面對生活中的小煩惱，我們其實沒有必要那麼認真，換個角度思考，其實沒什麼大不了的。

當煩惱來臨時，我們也並非只能束手無策。要想排除煩惱的困擾，要學會包容和忍讓，不要常常為一些小事耿耿於懷。如果雙方都逞強好勝，矛盾就會愈積愈深，最後發展到勢不兩立的地步，既破壞了人際關係，又影響了相互間的團結，還有損身心健康。

「總為小事傷神的人，他們的一生是短暫的」！這句話對那些歷經歲月風雨的人來說，理解將更加深刻。

理查‧卡爾森說：「世上的人在碰到人生重大事故或難題時，像親人去世、大地震等，通常都能沉著應變，同心協力度過難關。倒是許多芝麻小事，常惹得人暴跳如雷、氣得七竅生煙，例如被同事背後說閒話、車子被人撞到，大事不氣小事氣，真是一件奇怪的事。」當局者迷，旁觀者清，當這種現象由別人的口中說出來，我們才驚覺自己是何等愚昧。

如果我們把時間浪費在生活中雞毛蒜皮的小事上，不僅耗費了我們的精力，還會破壞我們的情緒，那是非常不值得的。盡量寬容吧，只有這樣才會讓我們活得更舒服、更快樂。所以，別為小事煩惱，不要為小事而傷神……

·9·

在困難和挫折中尋找生活的
光明和快樂

> 心境平和、樂觀、有勇氣的人，面對現實的態度是冷靜的、客觀的、主動的，他們在困難面前不會屈服，挫折也不會使他們失去信心。相反地，他們總是能夠在困難和挫折之中尋找到生活的一點光明，發現生活的快樂。

　　很多人都不能適當地控制自己的情緒，或樂極生悲，或鬱鬱難解，使得自己被情緒影響了判斷力。例如當天氣不好的時候，有的人就會情緒低落，做什麼事情都沒有幹勁；當到了一個陌生的環境時，有的人就會緊張失措、防衛過度，或者消極逃避；當際遇不如意時，有的人就會落寞消沉、難以振作，甚至還會自憐自艾，把所有的不幸都歸結於命運。

　　可是，如果做人處世總是如此情緒化，說不定什麼時候就會像定時炸彈一樣爆發，既傷害了別人也傷害了自己。一個人即使再有才華，如果他的情緒不能夠受到控制，那他的生活也是不會幸福的。

　　英國作家查理斯·蘭姆一生坎坷不平。他在傳記中這樣寫道：「蘭姆受到工作的召喚，他一直獨身，卻使自己與他姐姐的悲慘命

運結了婚。」蘭姆15歲的時候就離開學校去工作以養家餬口，21歲時因精神失常在瘋人院過了6週。

當蘭姆出院後不久，年長他10歲的姐姐又突然發瘋，誤殺了自己的母親，被關入瘋人院。蘭姆不忍心把精神健全（不過一年裡有幾天會神經錯亂）的姐姐永遠關在瘋人院裡，便決心把姐姐接出來，自己終生不娶，以保證由自己來照顧姐姐一生。

對於一個才21歲的年輕人來說，這一切都太沉重了。每天蘭姆工作完就要回家陪伴姐姐，時而寫點文章，得些稿費，以勉強維持家用。他的所有著作都是這樣忙裡偷閒寫出來的。

但是這樣的悲慘際遇並沒有把蘭姆擊倒，他的《伊利亞隨筆》中充滿輕鬆的俏皮話、雙關語，那是對普通生活經驗的玩味，他對生活沒有一絲一毫的抱怨和厭棄。

在母親死後不久，他寫信給好友柯爾律治說：「我練成了一種不把外界事物看重的習慣──對這盲目的現在不滿意，我努力去尋求一種寬大的胸懷，這種胸懷支持我的精神。」姐姐的病好後，他在給柯爾律治的信中說：「我決定在這塞滿了煩惱的悲劇裡，盡量得到那可以得到的瞬間的快樂。」他又說：「我的箴言是『只要一些，就需滿足；心中卻希望能得到更多』。」正如佩特在蘭姆的傳記裡寫的那樣：「快樂，是面對事物的最佳態度，而蘭姆無疑擁有快樂的入世精神。」在蘭姆的作品裡也始終流露出一種人生和諧的精神，故而柯爾律治也稱自己的朋友為「心地溫和」的查理斯。

大多數時候，一個人生活得是否幸福，不在於他是否富有，而在於他的心態是否平和、樂觀，是不是有勇氣面對生活的艱難。

心境平和、樂觀、有勇氣的人，面對現實的態度是冷靜的、客觀的、主動的，他們在困難面前不會屈服，挫折也不會使他們失去信心。相反，他們總是能夠在困難和挫折之中尋找到生活的一點光明，發現生活的快樂。

·10·

抱怨生活，只能使自己過得更疲憊

生活不缺少美，而是缺少發現的眼睛，缺少洞察和徹悟瑣事的能力。懷著一顆平常心，即使是平凡的日子、平常的生活，若細細品味，也能品出那些雋永醇厚的滋味來！

在漫長的人生道路上，不遂人意的事時常發生，如果我們因為種種挫折而心灰意冷、備受煎熬，那麼人生還有什麼滋味？既然不可避免的事實已擺在你面前，你就必須坦然面對，加以接受並適應它。培根說：「一個悲觀的人把所有的快樂都看成不快樂，如美酒倒入充滿膽汁的口中也會變苦一樣。」其實，生活中的幸福與困厄並不在於降臨的事情本身是苦是樂，而要看我們如何去面對。當你認為自己很可憐，讓痛苦佔滿生活，你的生活就會真的很痛苦；而如果你相信自己很快樂，並且快樂地去生活，那麼你的生活也就真的很快樂。

據說，有個寺院的住持給寺院立下了一條特別的規矩：每到年底，寺裡的和尚都要面對住持說兩個字。第一年年底，住持問新來的和尚心裡最想說什麼，新和尚說：「床硬。」第二年年底，住持又問新和尚心裡最想說什麼，新和尚說：「食劣。」第三年年底，新和尚沒等主持提問就說：「告辭。」住持望著新和尚的背影自言自語地說：「心中有魔，難成正果，可惜！可惜！」

　　住持口中所說的「魔」就是新和尚心裡沒完沒了的抱怨。這個新和尚只考慮自己要什麼，卻從來沒有想過別人給過他什麼。像新和尚這樣的人在現實生活中很多，他們這也看不慣，那也不如意，怨氣沖天，牢騷滿腹，總覺得別人欠了他們，社會欠了他們，從來感覺不到他人和社會對他們所做的一切。這種人心裡只會抱怨，不會感恩。一個哲人說：「世界上最大的悲劇和不幸就是一個人大言不慚地說：『沒人給過我任何東西。』」

　　常聽得有人抱怨：「上天太不公平了，為什麼別人都那麼優秀，而我卻一無所有？我沒有花容月貌、八斗才華、文韜武略，我缺乏上天所賦予的天賦，啊！天賦，那是上天賜予的財富。上天啊，既然讓我來到這個世間，為什麼又不給我超凡的一切？」

　　抱怨的人們啊！一心仰面向天乞求財富，卻從不低下頭來仔細想想自己已經擁有的一切。於是，時間在怨天尤人中悄悄流逝，他們躊躇、苦悶、蹉跎歲月，最終一事無成。

　　很多人都覺得活得累，於是抱怨變成了最方便的出氣方式，但抱怨很多時候不但解決不了問題，還會使問題惡化。如果抱怨上了癮，不但人見人厭，自己也整天不耐煩。抱怨生活，只能使自己過得更疲憊。

　　有這樣一個故事：比爾生活在城市裡，生活即使舒適，有時仍感覺無聊；即使忙碌，但也覺得空虛；有快樂，也有徬徨；有希望，也有失望，總是難得如意。因此，尋訪鄉野成了他解決煩惱的一種途徑。鄉間正值豐收季節，田壟上堆著稻子，農人提著鐮刀，鬆鬆斗笠，用毛巾擦著汗，嬉笑地走向冒著炊煙的家。比爾和一老者在樹下閒聊，老者純樸而友善。老者說：「我們感覺快樂是因為我們能夠適應田間的生活，而且喜歡它。我很樂觀，我對生活不曾抱怨過，我吃自己種的蔬菜和水果，覺得那是世上最好吃的食物。」比爾若有所悟地點了點頭。

在自然界的生活當中，沒有什麼是一成不變的，如果你不能適應生活，不能調整心態，你永遠都會有煩惱。你要相信：一切都會變好的，我們的生活是美好的，我們要樂觀地對待生活，充滿自信地挑戰生活，我們永遠都是勝利者。

　　世界上有多少人沒有安居的處所？有多少人無法享有受教育的權利？有多少人為一日三餐煩惱？又有多少人掙扎在死亡的邊緣？有多少人在為了你我而奔波忙碌，所以，請不要抱怨。因為抱怨不會使你增長的歲數減少，不會使窮乏的知識增多，更不會幫你工作，替你勞累；使青春永在，快樂常存。在穿越了千山萬水後，你會發現自己雖然滿腳的泥濘，可是卻聞到了滿身的花香，清晨大自然賜予我們露水，中午老天為我們播撒陽光，即使是深夜，也有星星在我們的身上留下笑臉。那麼，為什麼還要去抱怨自己所受的苦、所捱的傷累呢？不要抱怨生活的苦，不要在意命運的不公。走完一段路後，要回過頭去，認真地去尋找和回味每個足跡，深深淺淺的足跡裡，每個都有一個讓我們值得回憶的故事，甚至是刻骨銘心的記憶。翻過險山，領略了什麼叫做偉岸，於是不再怕峻嶺；涉過了急流，便領教了什麼叫做挑戰，哪怕後面有更多的險灘；在生死的邊緣掙扎過，會對生命的珍貴有了更深的感悟，今後，再也不會慢待生命，會認真地過好每一天。唯有經歷了失敗，才會從心底升騰起對成功的渴望……

　　所以不要抱怨，今天的生活足夠使人向上著感恩了。拍打乾淨身上的灰塵，振作疲憊的精神，微笑著上路，去迎接下段征程和挑戰。前方也許是坎坷的路，前方也許有更大的風險，但是要記住，在不遠的前方一定會有成功在等待，因為啊，無限風光在險峰！

·11·

讓人生在放棄與珍惜之中得到昇華

人生要有所獲得，就不能讓誘惑自己的東西太多，心靈裡累積的煩惱太雜亂，努力的方向過於分散。我們要簡化自己的人生。學會選擇，學會放棄。

　　在生活中，我們必須學會放棄，學會可以為了一棵樹而放棄整座森林，這也許便是另一種低調。未來是不可知的，而對眼前的這一切，我們還來得及把握，我們還可以在無限中珍惜那些有限的事物！人生也就是在這種放棄與珍惜之中得到昇華的。

　　在墨西哥海岸邊，有一位美國商人坐在一個小漁村的碼頭上，看著一個墨西哥漁夫划著一艘小船靠岸，小船上有好幾尾大黃鰭鮪魚。那位美國商人對墨西哥漁夫抓到這種品質絕佳的魚恭維了一番後問道：「你要多少時間才能抓這麼多？」

　　墨西哥漁夫說：「才一會兒工夫就抓到了。」美國商人再問：「你為什麼不待久一點，好多抓一些魚？」墨西哥漁夫覺得不以為然：「這些魚已經足夠我一家人生活所需啦！」美國商人又問：「那麼你一天剩下那麼多時間都在做什麼？」

　　墨西哥漁夫解釋：「我呀？我每天睡到自然醒，出海抓幾條魚，回來後跟孩子們玩，再跟老婆睡個午覺，黃昏時晃到村子裡喝點小酒，跟朋友們玩玩吉他，我的日子過得既充實又忙碌！」

美國商人不以為然，幫他出主意，他說：「我是美國哈佛大學的企管碩士，我倒是可以幫你忙！你應該每天多花一些時間去抓魚，到時候你就有錢去買條大一點的船。這樣你就可以抓更多魚，再買更多漁船，然後你就可以擁有自己的捕漁船隊。到時你就不必把魚賣給魚販，而是直接賣給加工廠，或者你可以自己開一家罐頭工廠。如此一來你就可以控制整個生產、加工處理和行銷過程，然後你就可以離開這個小漁村，搬到墨西哥城，再搬到洛杉磯，最後到紐約，在那裡經營你不斷擴張的企業。」

墨西哥漁夫問：「這要花多少時間呢？」

美國人回答：「15到20年。」

墨西哥漁夫問：「然後呢？」

美國人大笑著說：「然後你就可以在家當皇帝啦！時機一到，你就可以宣布股票上市，把你的公司股份賣給投資大眾。到時候你就發財啦！你可以幾億幾億地賺！」

墨西哥漁夫問：「然後呢？」

美國人說：「到那個時候你就可以退休啦！你可以搬到海邊的小漁村去住。每天睡到自然醒，出海隨便抓幾條魚，跟孩子們玩一玩，再跟老婆睡個午覺，黃昏時，晃到村子裡喝點小酒，跟朋友們玩玩吉他！」

墨西哥漁夫說：「可我現在就過著這樣的生活呀！」

人生中有時我們擁有的內容太多太亂，我們的心思太複雜、負荷太沉重、煩惱太無緒，誘惑我們的事物太重太多，嚴重地妨礙著我們，無形而深刻地傷害著我們。

人生要有所獲得，就不能讓誘惑自己的東西太多，心靈裡累積的煩惱太雜亂，努力的方向過於分散。我們要簡化自己的人生。我們要有所放棄，要學習經常否定自己，在自己生活中和內心裡我們要放低自己的姿態，學會低調地生活，放棄那些繁重的東西。

·12·

寬容生活是為了更好地生活

寬容生活是一種積極有效的方式，寬容生活不是可以淡忘所有的不公，不是為了超脫凡世的恩怨，而是要正視生活的全面，以緩解和慰藉深深的不幸。

　　別跟自己過不去，也別跟生活過不去，沒理由不幸福、不快樂，關鍵是我們選擇什麼樣的角度看生活與看自己。我們有我們的悲哀，生活有生活的難處，應當學會原諒生活。

　　「人有悲歡離合，月有陰晴圓缺，此事古難全。」古人有古人的悲哀，可古人很看得開，他們把人世間的悲歡離合比喻為月的陰晴圓缺，一切全出於自然，其中有永恆不變的真理，它像一隻無形的手在那裡翻雲覆雨，演繹著多彩多姿的世界。今人也有今人的苦惱，因為「此事古難全」。

　　苦惱和悲哀常常引起人們對生活的抱怨，哀自己的命運，怨生活的不公。其實生活仍然是生活，關鍵看你取什麼角度。我見過幾位「麻將專家」，真正意義上的賭徒，他們無限沉溺於這種遊戲之中，自然應該受到道德譴責。可是人生又是什麼？從某種意義上說，難道不也是一場賭局嗎？用你的青春去賭事業，用你的痛苦去賭歡樂，用你的愛去賭別人的愛。要不然為何詩人顧成說：「如果你覺得活得沒意思了，那就該死了。」

　　沮喪失落的時候，我們對一切都感到乏味，生活的天空烏雲密

布，看什麼都不順眼，像T恤衫上印著的：「別理我，煩著呢！」生活中有很多事情令我們心情不好。面對大學聯考落榜、面對失戀、面對解釋不清的誤會，我們的確不易很快地超脫。但是，你煩什麼？你的敵人就是你自己，戰勝不了自己，沒法不失敗；想不開、鑽死胡同，全是自己所為。

　　沮喪的時候，退回你生活的角落，去充電、打氣。選一張CD，京劇、越劇、歌曲、樂曲什麼都成，邊聽邊練書法，多帶勁！如果你還想發洩一下，那就大聲唱出來：「我站在冽冽風中，恨不能蕩盡綿綿心痛；看蒼天，四方雲動，劍在手，問誰是天下英雄……」漸漸地排遣了沮喪，煥發了新的振奮激情，環視四周，發現一切正常，你的消沉、你的低落、你的怨憤沒有任何意義，既然如此，何不讓自己回歸正常？憑什麼總跟自己過不去呢？試試看，每天吃塊糖，然後告訴自己：「今天的日子果然是甜的！」

　　我們看清了自己，再來看生活，也許多了幾分寬容在裡面。生活本身並不是可以實現所有幻想的萬花筒，生活和我們是相互選擇的，不該過分計較生活的失信，生活本來就沒有承諾過什麼。它所給予的並不總是你應當得到的，而你所能取得的，是憑你不懈的真誠和執著所能得到的。人類以熱愛生命為目的，人類中卻有另一部分人以獵取生命為職業。

　　一位德國作家兼心理醫生叫維克多‧弗蘭克，他回憶自己在納粹集中營的生活時說：「人所擁有的任何東西都可以被剝奪，唯獨人性最後的自由不能被剝奪，正是這種不可剝奪的精神自由，使得生命充滿意義，而且有目的……那一刻，我所身受的一切苦難，從遙遠的科學立場看來，全都變得客觀起來。我就用這種辦法讓自己超越；在困厄的處境，我把所有的痛苦與煎熬當成前塵往事，並加以觀察，這樣一來，我自己以及我所受的苦難全變成我手上一項有趣的心理學研究題目了。」

　　這種方式值得借鑑。當我們憑窗而坐，靜觀一本關於戰爭或其他的書時，我們有什麼理由不快樂，不幸福？

　　寬容生活是一種積極有效的方式，寬容生活不是可以淡忘所有的不公，不是為了超脫凡世的恩怨，而是要正視生活的全面，以緩解和慰藉深深的不幸。相信生活，才能寬容生活，如果你的桅杆折斷，不論是你自己的錯，還是生活的錯，都不該再悲哀地守著蕩舟的孤獨，請重新立起新的桅杆！

·13·

將對手看成是朋友

將對手看成是朋友，將每一次指責與批評都看成是改正的良機。這也許才是最佳的處世之道。

　　一個人往往都是在對手的督促下才能謹小慎微，少犯許多錯誤。相反地，如果沒有對手的監督，一意孤行，往往會落於失敗的陷阱之中。

　　其實早在幾百年前，達文西也說過一個類似的寓言故事：

　　在很久很久以前，有一隻小老鼠住在一個樹洞之中。只不過，在外面不遠的地方，居住著一隻想捕食牠的鼬鼠。所以，每一次小老鼠想要出去找食物時都會非常小心，也全靠如此，才多次逃得性命。

　　有一天早晨，牠正準備出去時，發現那隻可怕的鼬鼠正在不遠處行走。哇，今天真危險！我要讓牠先過去，免得自己變成牠的午餐。但突然間，一隻灰貓跳了出來，瞬間咬死鼬鼠，開始吞食起來。驚魂甫定的小老鼠不禁得意起來。哇，今天我真走運，現在危險已經過去，從此以後，我就可以大搖大擺地出去覓食。開心的小老鼠還沒有在森林中自由玩耍多長的時間，就在貪婪的灰貓口中喪失了性命。

　　小老鼠在面臨著鼬鼠的威脅時會變得異常機警，從而逃過一場又一場劫難。而在缺乏對手之後，卻忘乎所以，放鬆了警惕，以致送了性命。所以，我們要感謝我們的對手。

　　對手究竟是什麼？也許在許多情況下，對手就是讓自己變得更加成熟、更加完美的人。

　　在這個複雜的社會中，總是存在著各種競爭，甚至是你死我活的廝殺。於是，無論是在職場還是商場，幾乎每一個人的面前都或多或少存在著對手。也許是你的同事，也許是你的同行，甚至是你完全不知道的人，都會透過一個個途徑，讓你的生活充滿了緊張感。但對手是否都是負面與不必要的呢？答案也許出乎你的意料之外！

　　記住：將對手看成是朋友，將每一次指責與批評都看成是改正的良機。這也許才是最佳的處世之道。

·14·

善於忘記不快的東西，保留
美好的回憶

人的記憶力應該像面篩子，不斷地篩選，篩掉的是糟粕，留下的是精華。因此，我們要善於忘記過去那些不該記住的東西，保留那些有益的美好回憶。

　　列夫·托爾斯泰和屠格涅夫都是聞名於世的俄國大文豪，他們之間曾經有過一段頗為曲折且發人深省的交往。

　　1855年，托爾斯泰在聖彼得堡認識了比他大10歲的屠格涅夫。儘管屠格涅夫感到這位新朋友的脾氣不好、性格倔強甚至有時候很粗野，但仍然打從心眼裡喜歡和欣賞他的才華。兩人成了關係很好的朋友。

　　1861年，屠格涅夫的新作《父與子》完稿了，他邀請托爾斯泰到自己的莊園來，把稿子給他看。午餐後，托爾斯泰拿起稿子躺在沙發上看，但越看越覺得興味索然，漸漸地不禁掩卷入夢。當他醒來後，發現屠格涅夫剛好背轉身子出了門，沒有再回家。

　　第二天，詩人費特邀請他們二人到家中做客。席間，屠格涅夫對自己女兒的家庭教師大加稱讚，因為她教導他的女兒為窮人補衣服，為慈善事業捐款。

　　不料，托爾斯泰對屠格涅夫的話很是不以為然，居然帶著諷刺的口吻說：「我設想一位穿著華貴的小姐，膝上放著窮人破爛的衣服，這實在是在表演一幕不真實的舞台劇。」

　　屠格涅夫本就對托爾斯泰昨天看稿的表現有所不滿，此時一聽他這麼說，頓時氣不打一處來，怒不可遏地大聲咆哮起來：「這麼說，是我把女兒教壞了？」

　　托爾斯泰也不示弱，針鋒相對地予以反駁。於是，兩個人在客廳裡從爭吵演變到互相抓住對方的頭髮，乒乒乓乓地大打出手。

　　就因為這麼一件區區小事，兩位大作家的關係自此以後中斷了17年。

　　直到1878年，托爾斯泰在經歷了長期的內疚和不安後，主動寫信給屠格涅夫表示歉意。他寫道：「近日想起我與您的關係，我又驚又喜。我對您沒有任何敵意，感謝上帝，但願您也是這樣。我知道您是善良的，請您原諒我的一切！」

　　屠格涅夫立即回信說：「收到您的信，我深受感動。我對您沒有任何敵對情感，假如說過去有過，那麼早已消除，只剩下了對您的懷念。」

　　一場積聚多年的冰雪終於化解了。不過，此後不久，另一件事又差點使他們的關係再次陷入危機。幸運的是，吃一塹長一智，他們這次都知道如何避開了。

　　這一年，在托爾斯泰的盛情邀請下，屠格涅夫到勃艮納莊園作客。有一天，托爾斯泰請客人一起去打獵。屠格涅夫瞄準一隻山雞，「砰」地開了一槍。

　　「打死了嗎？」托爾斯泰在原地喊道。

　　「打中了！您快讓獵狗去撿。」屠格涅夫高興地回答。

　　獵狗跑過去之後很快便回來，但卻一無所獲。「說不定只是受了傷。」托爾斯泰說：「不然，獵狗不可能找不到。」

　　「不對！我看得清清楚楚，『啪』的一聲掉下去了，肯定死

了。」屠格涅夫堅持說。

他們雖然沒有吵架，但山雞失蹤無疑給兩個人帶來了不快之感，彷彿二人之中有一個說了假話。可是，這一次他們都意識到不應再爭執下去，便把話題轉向別處，盡量在愉快的消遣中打發時光。

當天晚上，托爾斯泰悄悄地吩咐兒子再去仔細搜索。事情終於弄清楚了：山雞的確被屠格涅夫一槍打中了，不過正好卡在了一枝樹杈上。

當孩子們把獵物帶回來時，兩位老朋友簡直開心得像孩童一般，相視大笑。

人的記憶力應該像面篩子，不斷地篩選，篩掉的是糟粕，留下的是精華。因此，我們要善於忘記過去那些不該記住的東西，保留那些有益的美好回憶。

·*15*·

話到嘴邊留半句，理到真時讓三分

> 人生有如走路，總會遇到道路狹窄的地方。這時，最好停下來，讓別人先走。只要保持這種想法，就不會對生活有那麼多抱怨了。即使終其一生讓步，也不過百步而已，對人生能造成多大的影響呢？你讓人一步，別人心存感激，也會讓你一步，這一步可能就是通向康莊大道的坦途。

　　想做一個快樂的人，就試著讓自己擁有一顆寬容的心，讓心緒平和，使自己能夠理解別人。人人都渴望得到理解和寬容，想不通的事情，換個位置，站在對方的角度去思考和評判，也許能找到寬容的依據。退一步海闊天空，人生好比行路，總會遇到道路狹窄的地方，此時停一下，讓別人先行一步。只要保持這種想法，就不會對生活有那麼多抱怨了。即使終其一生讓步，也不過百步而已，對人生能造成多大的影響呢？你讓人一步，別人心存感激，也會讓你一步，這一步可能就是通向康莊大道的坦途。

　　人與人之間往往是心與心的交往，誠心換來的是真情，壞心換來的是歹意。為人處世，都要有讓人一步的態度方稱高明，因為讓一步才為日後進一步做好了準備。所以，無論是為了大事業，還是為了與人方便，讓人一步都是日後替自己留下方便的基礎。若凡事都與人爭一高低，只會徒增煩惱，而無快樂可言了。

　　為人處世，退讓與得失，古代多有訓誡，唯列子在這方面有其

獨到的理解。列子在《天瑞》篇中寫道：「若讓很聰明的人計算利害，估量虛實，揣度人情，所得一半，所失也一半。若是不太聰明的人，不計算利害，不估量虛實，不揣度人情，所得一半，所失也有一半。計算與不計算，估量與不估量，揣度與不揣度，有什麼不同？只有無所估量，才能無所不估量，則完全成功而沒有失敗。」所以說，讓人不是怯懦，「讓」中有伸，「讓」中有術。

　　晉文公重耳在外流亡時，輾轉來到楚國，楚成王把他當作國君一樣的貴賓來看待。有一次，成王在為重耳舉行的宴會上問道：「公子如果回到晉國當國君後，用什麼來報答我呢？」晉文公當時答道：「玉石、美女和綾羅絲綢你們有的是，珍奇的鳥羽、名貴的象牙就產在貴國的國土上，流落到我們晉國去的不過是你們剩餘的物資，我不知道拿什麼來報答你們。」楚成王還是抓住這個話題不放，繼續說：「即使就像你說的那樣，你總得給我們一點報答吧！」重耳考慮了一下說道：「如果我托您的福，能夠返回晉國，有朝一日不幸兩國軍隊在中原相遇，我將後退三舍迴避您，以報答今日的盛情。若這樣做還得不到您的諒解，我也就只有驅馬搭箭與您周旋一番了。」

　　西元前632年，晉文公採納中軍元帥先軫的計謀，離間了楚國與齊、秦的關係後，又離間了曹、衛與楚的關係。楚國被激怒，楚王命令尹子玉立即率軍北上，征討晉國。

　　晉文公見楚軍逼近，便下令晉軍後撤90里。晉軍將士對面臨楚軍來犯而自己後撤不太理解，他們認為，晉國之君躲避楚國之臣，這是一種恥辱的舉動，何況楚軍在外轉戰多時，卻一直不能攻克宋國，士氣已經衰竭，晉軍不應後退。晉臣狐堰向大家解釋說：「國君這樣做，是為了報答當年楚國的恩惠，兌現『兩國若交兵，退避三舍相報』的諾言。如果國君以前說的話不算數，我們就理屈了。」

　　其實，晉文公下令退兵90里，一方面是為了實現諾言，更重要的還是軍事上的需要，想以此法來激勵晉軍將士，同時也使晉軍避開楚軍的鋒芒，進一步養成子玉的驕橫情緒，然後選擇有利的時機和地勢同楚軍會戰。

　　果然，晉軍撤到城濮後，宋、齊、秦等國也分別派來了軍隊，支持晉文公的行動。而在楚軍中，一些將士見晉軍撤退90里，也主張就此撤軍返楚。但是，子玉卻堅決不同意，他認為，晉軍的後撤是懼怕楚軍的表現，於是率領楚軍緊追不捨，一直追到城濮的一個山頭下才駐紮下來。結果，城濮一役，楚軍被晉文公率領的聯軍打得大敗。

　　得饒人處且饒人。有些人無理爭三分，得理不讓人；有些人真理在握，得理也讓人三分。前者往往是生活中不安定的因素，後者則具有一種天然的向心力。若是重大或重要的原則問題，值得有原則地追求真理，但在日常生活、工作中，為一些雞毛蒜皮的小事鬧得雞飛狗跳，未免太小題大做了。人生就是如此，只要我們走出有限的視野，世界的廣闊正等待我們的探索！

國家圖書館出版品預行編目資料

學會寬容 / 程知遠作. -- 初
版. -- 新北市：華志文化, 2011.12
面； 公分. --（心理勵志小百科；2）

ISBN 978-986-87431-5-1（平裝）

1. 修身　2. 生活指導

192.1　　　　　　　　　　　　　100021674

書名／學會寬容

系列／心理勵志小百科 0 0 2

日 華志文化事業有限公司

作　者　程知遠

執行編輯　林雅婷

美術編輯　黃美惠

文字校對　陳麗鳳

企劃執行　康敏才

總編輯　黃志中

社　長　楊凱翔

出版者　華志文化事業有限公司

電子信箱　huachihbook@yahoo.com.tw

地　址　116台北市興隆路四段九十六巷三弄六號四樓

電　話　02-29105554

總經銷商　旭昇圖書有限公司

地　址　235新北市中和區中山路二段三五二號二樓

電　話　02-22451480

傳　真　02-22451479

郵政劃撥　戶名：旭昇圖書有限公司（帳號：12935041）

電子信箱　s1686688@ms31.hinet.net

售　價　二八〇元

出版日期　西元二〇一一年十二月出版第一刷

版權所有　禁止翻印

Printed in Taiwan

華志文化

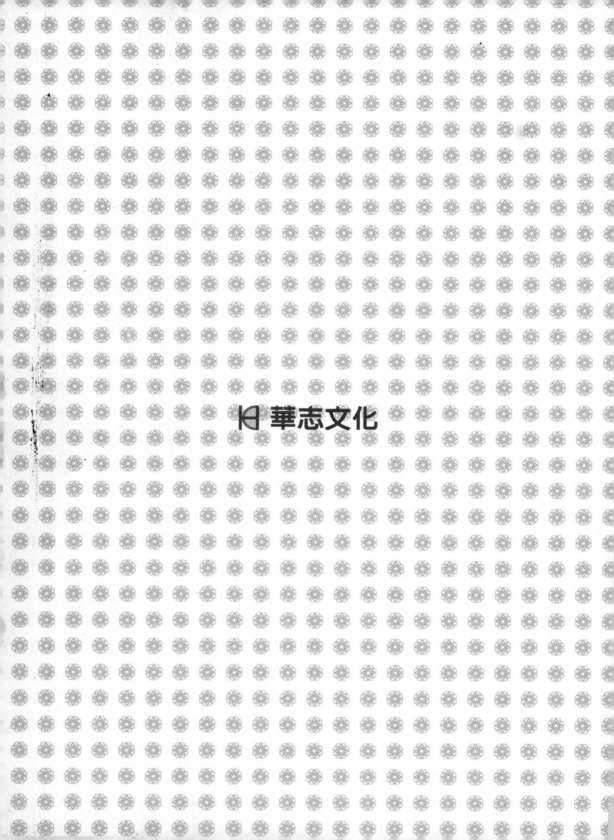

華志文化